Uređuje
Dragan Lakićević

Likovno oblikuje
Dobrilo M. Nikolić

znakovi pored puta

Tiodor Rosić

JARAC KOJI SE NE DA UZJAHATI

pripovetke

Rad / Beograd
1987

UMESTO PREDGOVORA

IZVEŠTAJ SPECIJALISTE

Moj prijatelj
Jovan I.
pesnik i lekar
kad sam mu pokazao izveštaj specijaliste
obavestio me
da imam emfizem pluća

Od iste boljke boluju
rekao je
saksofonisti, trombonisti
duvači stakla, hronični pušači
Od kakve boljke boluju
upitao sam
drugovi
što s govornice mere
moju i tvoju dušu

Bio je 27. oktobar
Sajam knjiga
i padala je kiša
Ukinuli su mi cigarete
zabranili ulazak u kafane
uveli popodnevni san

Bio je ružan dan
kad sam s klinike
svratio u bife
da odagnam san
Spava moj narod, dovoljno je
rekao sam
i ušao da ispijem piće

gutam dim
smejem se kiši

Oko moje
rekao sam Milenici
drugarici mojoj iz »Slavije«
ja sam trombonista, saksofonista
trubač, duvač stakla
ukinuli su mi tebe

Sećaš li se
onih belih jutara
i vozova koji su
odlazili na sever
rekla je
Rođen si u znaku blizanaca
vazdušni si znak
i normalno je da se vazduh
nastani u tvojim plućima

Bio je ružan dan
Kad me je moja Milenica uzela za ruku
i povela ka »Slaviji«
u sobu na sedmom spratu
da čekamo dan kada ćemo
mi: trubači, duvači stakla
saksofonisti, trombonisti
mi Milenice
drugovima s govornice
da merimo dušu

1986.

JARAC KOJI SE NE DA UZJAHATI

Gospođa Milena Borozan nije krila uzbuđenje kad je pred kraj dana pozvala dežurnu službu SUP-a. Osetno uznemirena, saopštila je da već nedelju dana gori svetlo u stanu broj 39, u zgradi koja se nalazi preko puta njene, u Ulici maršala Tolbuhina broj 13. Objasnila je da se sve vreme vlasnica stana 39, samohrana starica, nijednom nije pojavila na balkonu, kako je, inače, imala običaj da čini izjutra i predveče.

»Imam utisak da o dovratku balkonskih vrata visi staričina kućna haljina, ali bojim se najgoreg«, rekla je dežurnom službeniku, a zatim dala podatke o sebi, broj telefona, adresu i odgovorila na neka, kako joj se u prvi mah učinilo, beznačajna pitanja.

Iz hodnika, gde se nalazio telefon, ušla je u spavaću sobu, prišla stočiću za šminkanje, sela i uključila lampu, koja je iznad njene glave na ogledalo bacala snop svetlosti. Vrhovima prstiju protrljala je očne kapke, podočnjake i jagodice. S nespokojstvom, kao i uvek kad se nađe pred ogledalom, promatrala je svoje jedva primetne bore. Otkako se razvela, pre dve godine, činilo joj se da svaki dan u njeno lice ureže novu boru. Zato je, povremeno, pred spavanje, na lice stavljala masku, ubrzo je skidala i izjutra, pred odlazak na posao u poslovnicu Osiguravajućeg zavoda »Dunav«, u Takovskoj, pre šminkanja lice temeljno umivala.

11

Susetku iz stana 39 poslednji put videla je u samoposluzi, ispred kase. Starica je smežuranom i uzdrhtalom rukom plaćala mleko i hleb.

»Sve u svoje vreme! Ove zime nisam nijednom prošla Brankovom, došlo je vreme da napustim i ovu«, rekla je starica na izlazu iz samoposluge. »Sve u svoje vreme!« ponovila je i lukavo žmirnula.

U prvi mah, Milena Borozan nije obratila nikakvu osobitu pažnju na staričine reči. Dobro je znala priču o jevrejskom groblju koje se nekad nalazilo u današnjoj Brankovoj ulici i u kojem je, svojevremeno, sahranjen Zaharije, staričino četvoromesečno vanbračno dete. Ali, noću, u postelji, staričine reči zazvučale su joj zlokobno, a njen pogled zasvetlucao pakosno. Pomislila je da i na balkon izlazi isključivo zbog nje, da je od svojeg balkona do njene terase od svojih pakosnih pogleda isplela mrežu, preko koje će, svakoga časa, oslanjajući se na štaku, doći, stupiti na njenu terasu, i, ako vrata od terase budu zatvorena, pokucati štakom o staklo ...

Te noći sanjala je da se preselila u nov stan, iznad kafane »Zlatna moruna«. Stan je bio starinski, prostran, sa visokom tavanicom i baroknim satom u dnevnoj sobi.

»Daj mi dar«, začula je prigušen glas. »Kad si mi dala suhe zemlje, daj mi i izvora vodenih.«

Kroz prozor spavaće sobe spazila je kako niz ulicu odmiče ciganska kapela. Jednako su ponavljali nekoliko uvodnih taktova iz Mocartove »Male noćne muzike«.

»Daj mi dar; kad si mi dala suhe zemlje, daj mi i izvora vodenih«, začula je sada već sasvim jasno pred vratima dečji glas. Istovremeno, iz dnevne sobe, oglasio se i sat, koji je sve do tada nemo ćutao. Vrata su se otvorila. Uzalud je pokušavala da vidi ko je ušao, od ogromnog trbuha, ispruženoj u postelji, to joj je bilo nemoguće ...

Uzevši u levu ruku losion za skidanje šminke, u desnu vatu, Milena Borozan je prinela ruku licu. Učinilo joj se kao da je desno od ruke, u gornjem delu ogledala, ugledala trbuljastog dečačića, sa nesrazmernom glavom, iskeženih sitnih oštrih sekutića — sasvim nalik dečaku iz sna, koga je kod prozora u jednom trenutku spazila. Učinilo joj se da umesto svoje ruke vidi smežuranu ruku starice, koja, umesto vate, ispred kase pruža novčanicu; kao da čuje ono iz samoposluge poznato tupkanje staričine štake; da umesto svog lica četrdeset jednogodišnje žene vidi naborano i zelenim žilicama isprepletano lice starice. U nozdrvama je osetila starački zadah.

Pomislila je da ona stvarno i ne stanuje na Slaviji — u Ulici maršala Tolbuhina broj 10, već u Brankovoj, u stanu iznad »Zlatne morune«, u stanu koji joj već šest noći dolazi u san, ali samo na trenutak. Ubrzo se pribrala. Skinula je šminku, uzela iz ormana peškir, čist veš, otišla u kupatilo i istuširala se. Vratila se stolu za šminkanje, pažljivo se našminkala, obukla, očešljala, uzela tašnu i uputila se ka izlazu.

Nije prošlo ni dva sata otkako je gospođa Milena Borozan pozvala dežurnu službu SUP-a, kad je na njena vrata u Ulici maršala Tolbuhina broj 10 pozvonio inspektor Venijamin K. Pošto na uporno zvonjenje niko nije otvorio vrata, inspektor je liftom sišao u prizemlje, izašao iz ulaza broj 10, i zaputio se ka zgradi broj 13. Vrata na stanu broj 39 bila su odškrinuta. Inspektor je pokucao, oslušnuo, opet pokucao i, pošto se iz stana niko nije odazvao, ušao. Pregledao je sobe, pogledao kupatilo — nije bilo nikoga. Izašao

je na balkon — nije našao ništa osim sasuše-
nog cveća u saksijama i, o žice okačene, stare
odeće. U trenutku kad je hteo da se vrati u
stan, pogledao je prema zgradi na suprotnoj
strani ulice; pogled mu je pao na balkon sta-
na iz ulaza broj 10, gde je pre desetak mi-
nuta uzaludno zvonio — o dovratku balkon-
skih vrata visilo je žensko telo. Upravo u tom
trenutku, iz samoposluge, tapkajući štakom,
uputila se prema ulazu zgrade broj 13 sta-
narka stana broj 39. Bila je već zaboravila
zašto je i išla u samoposlugu.

FLAUTA

Bilo je prohladno aprilsko veče kad je Nestor Filipović, novopečeni urednik naučnog programa Centra za kulturu, iz svoje kancelarije, koja se nalazi na prvom spratu, prvi put čuo kako se iz prostrane aule, koja počinje ispred njegovih vrata a završava se kod kancelarije muzičkog urednika, razležu zvuci flaute. U prvom trenutku, pomislio je da je to koncert koji je ugovoren pre njegovog dolaska u Centar, ali se prisetio da u dnevnom oglasu nije bilo najavljeno ništa od muzičkog programa.

Izišao je iz kancelarije u aulu i oslušnuo. Imao je utisak da je flauta ispunila ceo prostor, da zvuci dolaze čas sa sprata, čas da izviru iz betonskog platoa na kojem je stajao.

Ko zna koliko bi tako slušao, tražio skrivenog flautistu, da se pred njim nije pojavio sekretar Centra sa predavačem. To ga je namah prenulo — svu pažnju usredsredio je na gosta.

»Dobro veče«, rekao je. »Ja sam Nestor Filipović. Radujem se što ste se odazvali pozivu.«

»Dobro veče!« uzvratio je predavač.

»Izvinite što Vas nisam sačekao na ulazu.«

»Ne mari«, odmahnuo je rukom predavač. »Sreo sam Vašeg kolegu.«

»Krenuo sam da Vas sačekam, ali sam na trenutak zastao da poslušam flautu«, rekao je Nestor Filipović otvarajući vrata kancelarije.

»Kakvu flautu?« upitao je sekretar.

»Neko je na flauti izvodio jednu Bahovu fugu.«

»Fugu?« upitao je sekretar.

»Da, na flauti!« odgovorio je Nestor.

»Na flauti izvodio fugu?« sumnjičavo ga je pogledao sekretar.

Međutim, ton sekretarovih reči do Nestora jedva da je dopirao. Jedva da je primetio njegov sumnjičavi pogled. Nije ni pokušao da se uključi u razgovor koji je sekretar vodio sa predavačem. Melodija mu se nametnula, urezala u sluh, u misao; obuhvatila ga, obuzela, ispunila, prožela celo njegovo biće.

Te noći dugo nije mogao da zaspi. Taman kad bi pomislio da će konačno zaspati, melodija bi se javila ponovo i primorala bi ga da zuri u plafon, da osluškuje, odagnala bi mu san. Zaspao je tek pred zoru, pošto je više puta ustajao, umivao se, pušio na prozoru, tonuo u polusan.

Kad je sutradan oko devet ustao, melodije nije bilo. Nije se nje, jednostavno, ni sećao. Nije se sećao ni proplanka, koji je u polusnu video, gorskog kladenca, seoske kuće i šumarka iznad nje. Ustao je relativno svež, odmoran. Jedino su mu se podočnjaci isticali nešto više nego obično. Samo se po tome moglo zaključiti da je, ili dugo spavao, ili imao nesanicu.

Ni sekretar, koga je sreo u hodniku, ništa mu nije rekao; nije ga čak ni pogledao, prošao je, gledajući ispred sebe.

Ali, čim je ušao u kancelariju i seo za sto, tek što je poručio kafu, začuo je flautu. Bila je to ona ista fuga od sinoć.

»Zaista lepo svira, slušajte!« rekao je sekretarici Centra kad mu je donela poštu. »Ko?« upitala je sekretarica. Nije joj ništa odgovorio. Gledao je mimo nje, ravno u zid.

U toku radnog vremena, triput je izlazio sa sastanka kolegijuma, išao je iz kancelarije u kancelariju, iz sale u salu, osluškivao melodiju, tragao za skrivenim izvođačem. Kao i prethodne, i ove noći nije mogao da zaspi. Opet se prevrtao po krevetu, opet ustajao, umivao se; ponovo je zaspao tek pred zoru i usnuo seosku kuću, torove, šumarak. Začuo je pseći lavež, video rojeve mrva, obnaženo žensko telo. Iz daljine je začuo frulu, oslušnuo krajišku melodiju, ali, nije se, kao prethodnog jutra, probudio svež i odmoran. Bio je sav u znoju, u groznici.

Šest noći, dugo nije mogao da zaspi, a kad zaspi — pred zoru se budio i opet tonuo u san. Ujutru, nije se sećao melodije, frule koja se preplitala s Bahovom fugom; crne mačke, hladnog pogleda, očiju usađenih u lobanju, nadvijenih nad obnaženo žensko telo, mirisa paleži, pa čak ni pesme »Ti sagradi dom...« koju je više puta čuo. Budio se u znoju, a ni slutio nije da je crna mačka jedne noći njegovo grlo tražila pogledom, da je, začuvši njegov plač, obilazila oko ambara ispod kojeg se ko zna kako našao.

Sedam dana, zaredom, osluškivao je fugu, tražio skrivenog flautistu. Čim bi čuo razgovor, izlazio je u hodnik, opominjao da se govori tiše. Jednom je čak pozvao daktilografkinju iz susedne kancelarije da mu se pridruži, da zajedno slušaju.

U početku su svi mislili da zbija šalu; ali kasnije, njegovu kancelariju počeli su da zaobilaze, njega da izbegavaju, da ga sumnjičavo gledaju. Na kraju ga je sekretar Centra pozvao na razgovor.

»Šta ste za sledeći mesec planirali?« upitao ga je.

»Još nisam napravio Predlog programa«, odgovorio je. »Upravo radim na njemu.«

»Završićete u toku dana?«

»Svakako!« klimnuo je glavom.

»S Vama nešto nije u redu?« primetio je sekretar. »Svašta se priča.«

»Šta nije u redu?«

»Kažu da ste koleginicu Lidiju zvali da udvoje slušate nekakvu fugu?«

»Ko to kaže?«

»Priča se.«

»Kakvu fugu?«

»Onu koju ste i meni pominjali!« naglasio je sekretar.

Kad je uveče ušao u Centar, još s vrata, čuo je dobro poznatu melodiju. Bio je siguran da dolazi iz sale u suterenu.

Prošao je pored portira i ne pozdravivši ga, što je, inače, redovno činio. Došao je do sale i shvatio da zvuk ne dolazi iz nje, već sa sprata. Dok ga je portir s čuđenjem gledao, zaputio se prema stepenicama, potrčao uz njih, stupio u predvorje.

Prvo mu se učinilo da zvuk dolazi iz velike sale, potom iz male, pa iz svečane. Ulazio je iz sale u salu, iz kancelarije u kancelariju, došao do svoje, mašio se za kvaku, okrenuo prekidač.

Melodija je umukla. Presamićenog preko stolice, ugledao je prosedog muškarca. Imao je lice nalik njegovom: zelene oči, isti nos, isti oblik usana, samo mu je kosa bila proseda. Nedaleko od stolice spazio je flautu, video ruku nepoznatog, koja, kao da se pružila prema njoj. Ruka mu je bila mlitava, opuštena i gotovo da je dodirivala lokvu krvi.

MAČAK

Jovan Soldatović, penzionisani telefonista, pojavio se jednog dana pred »Slavijom« s crnim mačkom u naručju. Prošao je pored kioska za novine, ušunjao se u ulaz zgrade u Bulevaru JNA br. 7. Liftom se popeo na sprat, ušao u stan, gde je ispod komode u dnevnoj sobi mačku namestio postelju, a u hodniku kutiju s peskom.

Niko ne zna kako, tek od tog dana telefonista je izgubio životnu radost. Stanari zgrade u Bulevaru JNA br. 7 primetili su da je prestao da se smeška, gledao je da što pre šmugne prema liftu, da se zaključa u stan i da danima ne izlazi iz njega. Iz njegovog stana, tvrdili su stanari, čula se danonoćno prigušena muzika, romor, povremeno mjaukanje.

Kad bi sišao u samoposlugu, telefonista je pred kasom nervozno cupkao s noge na nogu, trljao oči, kršio ruke i povremeno se držao ispod levog pazuha. »Kučko!« rekao je jednom prilikom kasirici, a novinara televizije, koji je stajao u redu ispred njega, namerno je nagazio. »Gospodine«, rekao je, »mrzim Vašu njušku, kad ćete prestati da je slikate? Vi ste lažov gospodine! Kako Vas nije stid da govorite u moje ime?« Posle tri--četiri dana prišao je milicionaru ispred »Slavije«. »Kad će nemiri?« obratio mu se. »Kad će ulične borbe?« A, pri susretu sa svojim školskim drugom iz Treće muške, rekao je:

»Da mi je da sretnem mršavog političara! Sa svakim odstrelom dobijaš kilogram više!«

Povremeno telefonista je odlazio na Kalenićevu pijacu, kupovao sitnu morsku ribu, rozbratne, celer, peršun, hren; spremao sebi supu od govedine, mačka hranio ribom i džigericom. U međuvremenu, jeo je paštete, ribu iz konzerve, parizer i mesne nareske. Otvorenu konzervu obavezno je prinosio mačku da onjuši. Ako mačak počne da vrti repom, da prede — konzerva je bila ispravna; ako je odgurne, pa još šapicom počne da tupka oko nje — konzerva je bila pokvarena. Zahvaljujući mačku, prestao je da kupuje sardine »Beograd«, »Zagreb«, paštetu »Čoka«, neke proizvode Gavrilovića, BIM »Slavije«.

Mačak se u početku linjao, neuhranjen, jedva je stajao na nogama; s vremenom, uz obilnu hranu, zaoblio se, crna dlaka postala mu je sjajna, pokreti gipki. Kad bi ko pozvonio na vrata, stvorio bi se u trenu kraj njih, stao pored telefoniste i dobro odmerio onog ko je zvonio. Kad je prvi put ugledao Marušku, devojku iz »Slavije«, koja je posle dužeg vremena navratila, počeo je da frkće, uzmuvao se. Kad su seli, skočio je telefonisti u krilo, začkiljio. Dlaka iza ušiju mu se nakostrešila, zenice se širile i skupljale — bio je spreman da svakoga trenutka poskoči i da kandže zarije u Maruškin vrat. Ali, već pri sledećem susretu bio je pitomiji, a kad je jedne noći počela da se svlači, neprimetno se povukao u svoju postelju; krišom je motrio kako odlaže odeću, gledao u njene sise. Čim je Maruška legla, okrenuo se prema zidu, lupkao repom. Oči su mu zasvetlucale, opustio se i počeo da prede.

Niko ne zna zašto; ali jednog zimskog popodneva mačak je zamjaukao snažnije negoli inače. Začulo se brundanje, škripa, kikot.

Na trenutak je sve utihnulo, a onda su se vrata naglo otvorila. Dostojanstveno, uzdignute glave, pojavio se mačak. Visoko je podigao rep, došao do sredine hodnika, zastao kao da okleva i nastavio dalje. Njegova crna sjajna dlaka svetlucala je hodnikom.

Po upišanom otiraču pred telefonistinim vratima stanari zgrade u Bulevaru JNA br. 7 znali su da mačak povremeno spava u njihovom ulazu. Posle izvesnog vremena pored bifea »Prokupac« primetili su dva crna mačeta. Oko »Slavije« su se, potom, namnožile crne mačke. Tumarale su ulicama, frktale, prebirale po kontejnerima za smeće i neverovatno podsećale na telefonistinog mačka.

Maruška je sve ređe navraćala. Kad bi i navratila, telefonista se ophodio usiljeno, bio odsutan, muvao se po stanu, tapkao rukom po stolu, prilazio prozoru, zurio u noć. Kad se jednom prilikom pojavila u crnoj bundi koja se presijavala, telefonista je nije pustio u stan. Pošto je otišla, sačekao je izvesno vreme, otvorio vrata i dostojanstveno, uzdignute glave, izišao. Došao je do sredine hodnika, osvrnuo se, prišao liftu i izašao iz ulaza br. 7 u Bulevaru JNA.

Maruška je već bila zaboravila neprijatnost sa telefonistom, kad se posle večere u gril-restoranu hotela »Slavija«, sa jednim od svojih prijatelja, pojavila u noćnom klubu »Duga«. Čim je ušla, prvo što je ugledala bio je ogroman poster mačka. Iznad šanka smešio se telefonistin mačak. Kad je sišla u polumrak, u salu, disk-džokej je uz zaglušujuću muziku upravo najavljivao:

»Večerašnji specijalni gost of Night Club »Duga« mister Mačak — Treviso!«

Ugledala je na monitoru interne televizije mačka kako za počasnim pultom vrti repom. Osvrnula se u polumraku, obasjanog reflektorima videla je mačka. Jeo je kavijar, smeškao se i zadovoljno vrteo repom. U trenutku kad je snop svetlosti obasjao sto za koji je sela, s desne strane, na zidu, ugledala je dvadesetak pločica sa imenima poznatih glumaca, pevača, zvezda domaće i strane pop i rok-scene. Ispod natpisa *Oskar popularnosti noćnog kluba »Duga« i revije RTV, za 1986.* na pločici bilo je ugravirano i *Mr Mačak — Treviso.* Kad je reflektor obasjao disk-džokeja, primetila je da se, pošto je na miks--pultu podesio jačinu, uhvatio rukom pod pazuh. »Večerašnji počasni gost of Night Club »Duga« mister Mačak — Treviso«, ponavljao je, pokazivao prema počasnom pultu, smanjivao i pojačavao jačinu muzike, levom rukom trljao bradu, desnom se držao ispod levog pazuha.

Od te noći Maruška nema sna, drži se rukom ispod levog pazuha. Ako zaspi, sanja crnog mačka kako se s prozora zadovoljno smeška; kad se probudi, budi se u znoju, uznemiri se i više ne može da zaspi. Uzalud pije leksilijum, vežba jogu.

ŠTA SE DOGODILO STUDENTU MIODRAGU TOMIĆU DOK JE ČITAO PRIČU A. KOMAROVA »MOJ SUSRET S NJIM«

Tog leta student Miodrag Tomić nije otputovao s ferijalcima na logorovanje. Ostao je kod kuće da sprema *Osnove teorije saznanja* jer nije dao uslov za treću godinu na filozofiji. Pre podne je, preko Studentske zadruge, radio s geometrima, nosio instrumente, istezao pantljike, obavljao razne poslove. Po podne je spremao ispit, uveče čitao. Povremeno, nedeljom, odlazio je na Adu, navraćao u »Trozubac«; katkad, u večernjim satima, prošetao od Slavije do Kalemegdana. Kad se jedne večeri, toplije nego inače, spremao u šetnju, na radiju je začuo saopštenje Epidemiološke službe Gradskog zavoda za zaštitu zdravlja da krpelj napada Beograđane.

»Epidemiološka služba Gradskog zavoda za zaštitu zdravlja«, glasilo je saopštenje, »upozorila je članove Gradskog komiteta za zdravstvo da je na teritoriji Beograda primećen ektoparazit, odnosno krpelj, kod većeg broja građana. Građanima se preporučuje da izbegavaju izletišta, Adu Ciganliju, Topčider, Košutnjak, zelene površine. Vlasnicima pasa savetuje se da svoje kućne ljubimce ne dovoće na Adu jer krpelj živi na njihovim telima. Iako su krpelji prenosioci raznih zaraznih bolesti: pegavca, meningoencefalita itd. na teritoriji grada za sada ne postoje žarišta ovih infekcija«.

Umesto da ode u šetnju, otišao je u dragstor, kupio pivo, »koka-kolu«, mirindu, pakovanje jaja i hleb. Pošto je večerao, popio pivo i umio se, uzeo je knjigu priča A. Komarova *Moj susret s Njim*, legao i počeo da čita.

Kad je posle dve godine Aleksandar Volkov — počinjala je priča — *došao na odsustvo, u kući nije zatekao dedu Mistislava. Bolovao je nedelju dana, oprostio se od ukućana i umro po Božiću* — *ispričala mu je majka Anastazija. Mašenjka je dobila drugog sina, a zet Zarin bio je na izgradnji pruge, na dobrovoljnoj radnoj akciji u brigadi poručnika A. S. Smirnova.*

»Sine«, rekla je Anastazija, »kod nas se sve izmenilo. Ljudi u selu su se prozlili. Domaćini osiromašili, beskućnici i neradnici zaimali. Omladinski aktivisti pale stogove žita, seno, i razgrađuju imanja onih što neće u kolhoz. Belku su nam oslepili, a Buši prebili kičmu. Morali smo da je zakoljemo. ,Napredna kuća', govore, ,boljševička, sin u Kadru, a neće u kolhoz. Pisaćemo gde treba', prete.«

Volkov je odložio prtljag, svukao se do pasa, umio na bunaru, istresao uniformu, obukao se i ušao u kuću.

»Spavaćeš u vajatu«, rekla je majka. »Moram da te upozorim, ako čuješ noćas neku škripu, pisku na tavanu, ne obraćaj pažnju, mi smo na to već navikli. Bude, prođe, izjutra nema ništa...«

Zanimljivo, pomislio je student i nastavio da čita.

Posle večere Volkov je uzeo lampu na gas, otišao u vajat, svukao se, uredno složio uniformu; futrolu s pištoljem, po navici, stavio pod jastuk, ugasio lampu i zaspao. Taman je dobio atomski sleva, taman se, po propisu, pručio na tle, u ševarje, kad ga je

iza sna prenula cika, piska, vriska. Oslušnuo je, pomislio da sanja; pipnuo je čelo, opipao zglob leve ruke, protrljao oči. Bio je budan. Na tavanu se neko kikotao; podvriskivao je, šetao, poskakivao. Zadrhtao je, širom otvorio oči, pridigao se na laktove. Na trenutak je na tavanu sve utihnulo, a onda je počelo nešto da se kotrlja. Shvatio je da neko iz pletenih korpi, po tavanu, prosipa orahe.
Odložio je knjigu, pogledao po poluosvetljenoj sobi, u plafon. U trenutku mu se učinilo kao da to nije njegova soba. Svetlost je dolazila samo iz ugla u kojem je bio njegov krevet. Bila je to slaba žućkasta svetlost iz zidne lampe koja je visila iznad njegove glave. Stvari više nije prepoznavao. Pitao se zar to nije njegova soba, zar to nije onaj kutak u koji je navikao da se skloni? Laka uznemirenost i nespokojstvo obuzeše ga. Pogleda prema plakaru, prema vratima koja vode u hodnik. Plakar se sablasno beleo, iz hodnika je zjapio mrak. Pogleda prema plafonu. Ništa.
Odbaci sumnju. To je njegova soba. Dohvati knjigu. Nastavi da čita. Do njega nije dopiralo ono što je čitao. Pomisli da je umoran, poče da čita s vrha stranice.
Čuo je vrisak. U ušima mu je odzvanjalo kad je seo na krevet. Drhtavom rukom potražio je šibicu, upalio lampu. Na tavanu je sve utihnulo. Negde napolju, u šumarku, čuo se ćuk, noćne tice su lepetale krilima. Setio se majčinih reči, ugasio lampu. Još svetlost nije bila ni utrnula, kad je začuo jednolične korake. Neko je šetao s jednog na drugi kraj tavana, došao do merdevina kojim se penje i silazi s tavana. Odmerenim, teškim korakom sišao je niz njih. Nakašljao se.
Odloži knjigu. Ustade. Krenu ka prozoru. Zavese su bile navučene, prozor zatvoren.

Dođe do plakara. Pruži ruku da ga otvori. Predomisli se. Produži ka hodniku. Upali svetlo. Pogleda ka ulaznim vratima, kroz špijunku. Sve je bilo u redu. Vrati se nazad. Uze knjigu. Leže.

Začuo je s tavana prigušen kikot, pred vajatom teške odmerene korake, nešto je šuškalo pred vratima. Koraci su utihnuli. Pridigao se na laktove. Koraci su se javili opet. Seo je na krevet, pogledao prema prozorčetu u čijim je uglovima visila paučina. Na njemu je stajao on, gledao u vajat.

Opet poče da ga kopka nejasna sumnja. Ustade. Pogleda prema prozoru. Iza zavese se ništa nije videlo. Zagleda u uglove. Ništa. Krenu ka kupatilu. Slavine su bile zavrnute, bojler uključen. Isključi ga. Nije voleo da bojler preko noći bude uključen. Činilo mu se, ponekad, da se nešto u njemu preko noći skuplja, nagomilava; nešto što može da eksplodira, da se rasprsne, da sruši zid. Plašio se da ga zid ne zgnječi, da ga ne pritisnu cigle, polije ključala voda. Ugasi svetlo. Uđe u kuhinju. Šporet je bio isključen. Slavine nad sudoperom zatvorene. Koraknu unazad. Ponovo upali svetlo. Učinio je to po navici. Pogledao da nije, slučajno, proveravajući šporet okrenuo neko drugo dugme, zaboravio da ga vrati na nulu. Proverio je da nije, slučajno, odvrnuo slavine. Sve je bilo u redu, vratio se knjizi.

Samo što je legao, s leve strane, u slabinama, zasvrbelo ga je; golicalo ga, grickalo, unosilo nemir, nelagodnost. Počešao se. Svrab je bivao jači. Pridigao se iz kreveta, zadigao pižamu, pogledao. Naduvenog od krvi, upijenog u kožu, ugledao je krpelja. Stresao se. Pokušao da ga odvoji. Uzalud. Ustao je, ušao u kupatilo, svukao se, dohvatio pincetu.

26

Pošto se istуširao i alkoholom istrljao mesto s kojeg je pincetom odvojio od posisane krvi nabreklog krpelja, uzeo je knjigu. Od alkohola ga je peklo, od češanja svrbelo, bolelo od rane koja je ostala na mestu gde je bio krpelj. Uprkos svemu, nastavio je da čita.

Lice mu je bilo nepomično, hladno, bezizrazno. Oči su mu sjajile, a prema mesečini, presijavala se ćelava lobanja.

Preleteo je očima preko teksta. Počeo da lista, došao do kraja priče, pročitao poslednji pasus. Nije shvatio ništa. Šta ga je navelo da potraži kraj? Upitao se. Znatiželja? Bojazan? Kraj mu ionako ništa ne govori. Prevrnu sledeći list. Neispisanim rukopisom, drhtavom rukom, bilo je napisano:

Pročitala
Zagorka (Gora) Špadijer
10-VI-1949. g.   uč. VI razr. gimn.
K. M.

Ko li je bila? Pitao se. Da li je živa? Ova knjiga je bila njena? Kuda sve knjiga nije lutala? Obrela se u antikvarnici... Poče da lista unazad, nađe mesto gde je stao.

Gledao je netremice. Pokušavao pogledom da razbije tamu u vajatu.

Odloži knjigu. Ustade. Dođe do kuhinjskih vrata. Pritisnu prekidač. Otvori vrata, dođe do sudopere koja je bila puna neopranog posuđa. Iz viseće garniture dohvatio je čašu, odvrnuo slavinu i pustio da voda otiče. Uzeo je dve-tri kocke šećera, napunio čašu vodom, prosuo, napunio opet, popio naiskap.

Zavrnuo je slavinu i prišao kuhinjskom prozoru koji je gledao na mračno popločano dvorište. Ništa se nije videlo. Ni jedan prozor iz obližnjih zgrada nije svetleo. Bilo je tiho, mirno. Nisu se čule ni mačke koje u ovo vreme obično njuškaju po kontejnerima za đubre. Dvorište je zjapilo.

Hteo je da otvori prozor, da se kroz njega nagne. Predomislio se u poslednjem trenutku. Zašto bi to činio? Na toj strani žene suše veš, kroz prozore, na pločnik, bacaju smeće. Nije dobro ići noću na smetlište, biti u njegovoj blizini. Umesto da otvori prozor, popravio je zavesu koja nije bila do kraja navučena, zategao slavinu da ne kaplje, zavirio u kupatilo. Sve je bilo na svome mestu. Pošto je u hodniku ugasio svetlo, ušao je u sobu, prišao krevetu, uzeo knjigu.

Ne paleći lampu, drhtavom rukom, mašio se za futrolu, izvukao je ispod jastuka, otkopčao, uzeo pištolj, repetirao. Samo što je metak ubacio u cev i okrenuo prema prozoru, nepomičnog i bezizraznog lica nestalo je. S tavana se začuo kikot. Orasi počeli da dobuju. Okrenuo je pištolj prema tavanici, povukao oroz, opalio jedanput, dvaput, triput.

Kad su majka i sestra dotrčale u vajat, na tavanu se više ništa nije čulo. Od pucnjeva u ušima mu je još zujalo kad je majka noseći u ruci fenjer upitala »Sašenjka, Sašenjka, šta se desilo!?« Ali, kad je prišla krevetu na kojem je sedeo, nije ni primetila da njen sin drhti celim telom. Sela je pored njega, zagrlila ga. »Otkako je oco umro«, rekla je, »tako svake noći. Navikli smo. Nije trebalo da pucaš. Svake noći«, nastavila je, »nešto iz sudova prosipa vodu. Okupamo decu, obučemo, izjutra na njima košulje izvrnute. Bacaju orahe, prosipaju žito; kad osvane, sve na svome mestu.«

Iz majčinog zagrljaja, preko njenog ramena, video je, na prozorčetu pojavio se on, gledao je strogo, ljutito.

Posle godinu dana Anastazija je dobila pismo. »Vaš sin«, pisalo je, »drug Aleksandar

Volkov, poručnik, ranjen je u ruku na manevrima »Soko 52«. Rana nije ozbiljna, čim prezdravi, dobiće odsustvo. Pešadijski p. pukov. N. Smirnov. s. r.«

U trenutku kad je pročitao poslednji pasus, iznad ulaznih vrata začuo je zvono. Knjiga mu ispade iz ruku. Poskoči. Neko je pred vratima, pomisli. Traži me, zaključi. Možda je greška, pokoleba se? Ko bi u ovo vreme dolazio? Leto je. Svi su na odmoru.

Zvono se začu opet; dva puta kratko i jednom duže. U predelu slabina, na mestu gde je bio krpelj, oseti svrab.

Ko li se došunjao, pitao se? Bez razloga, u ovo vreme, nije došao. Možda je lopov? Leto je. Proverava ima li koga u stanu. Ako ima, zatraži N. N. osobu, ako nema uđe ko u svoju kuću. Zidna lampa čkilji, spolja se ne vidi svetlost. Pomisliće da nema nikog, a onda?

Ustade. Ni da pođe, ni da ne pođe. Ko bi mogao biti, pitao se? Možda je *on*, pomisli? U stomaku mu se zgrči. U slabinama mu je bridelo. Ošamućen, krenu prema vratima.

Na prstima je došao do ulaznih vrata. Trudio se da bude što tiši. Bezuspešno. Parket je škripao.

Ne paleći svetlo, naže se prema špijunki. Zvono ga ošinu. Zavede se unazad. Zastenja. Napipa špijunku. Pogleda. Pred vratima je stajala suva, visoka žena. Svetlo u hodniku se ugasi. Začu korake. Pred vratima blesnu.

Visoka, mršava žena, koja je na sebi imala crnu haljinu, a na ramenima šal, podiže ruku s namerom da zazvoni opet.

Nije čekao da pritisne zvono. Dohvati kvaku, okrenu ključ.

»Dozvolite da se predstavim«, reče žena. »Ja sam Zagorka Špadijer.«

ŽUTI PAS

Angelina i njen muž Vasilije Obradović stanovali su u prizemljuši, u Deligradskoj 31, pored kazandžije, u blizini bifea »Prokupac«. Angelina je bila domaćica, izrodila troje dece, štrikala, kuvala i čistila kuću. Kako je koje dete navršavalo osamnaest meseci, tako se od neke čudne bolesti sušilo, venulo i umiralo.

Deca su umirala, Angelini je vid popuštao, izgubila je volju za štrikanjem, za daljim rađanjem, ni kuću više nije održavala kako treba. Govorila je kako joj ruke rastu, pretvaraju se u šape, sve je stalo, ljudi i automobili se ne kreću. U vreme punog meseca izlazila je na verandu, podizala ruke iznad glave, da ih ogreje na mesečini.

Vasilije je bio privatni preduzimač, gradio je kuće i kopao tunele. Mnoge je stanove prepravio, samo za svoj nije imao vremena. Ostavljao je za bolja vremena, a kad su im umrla deca, prestao je da gradi i drugima. Prodao je radnju i dao se u nadnicu. Naplatiću danas, naplatiću sutra, govorio je Angelini, a nije naplaćivao ni danas ni sutra. Kad se vrati s nadnice, gde je radio i zidarske i molerske i tesarske poslove, kako mu ko šta ponudi, svraćao je u »Prokupac«, pio vinjak, navijao za Crvenu zvezdu, pevao sebi u bradu i povremeno se, bez vidnog povoda, smejao. Kad nije bilo para za više vinjaka, kupovao je »unučiće«, »bombice«, trpao ih u džepove i krišom, za šankom, dolivao.

»U Vasilija«, govorili su, »nikad ne presušuje.«

Angelina je prodala salonsku garnituru. »Građena je od drveta sečenog u prvoj četvrti meseca«, rekla je. Objašnjavala je nadugačko i naširoko kako žižak u drvo odsečeno u dane prve i druge četvrti, prve i druge mesečeve polovine polaže jaja, kako se iz njih, vremenom, razvija žižak. »Nameštaj moramo prodati. Od žiška ne mogu da spavam«, pravdala se i sebi i mužu. Prodala je potom nakit koji joj je ostao od majke i, na kraju, za Svetog Nikolu, muževljevu i njihove pokojne dece slavu, venčani prsten. »Morala sam to da učinim«, saopštila je mužu, »prsten mi je već bio urastao u prst, jedva sam ga skinula.«

Spremila je za slavu šarana, rotkvice, salatu od krompira i kupusa, žito, lenju pitu, presekla u crkvi kolač i, uz sveću, čekala muža na večeru. Kako se Vasilije pojavio, tako je legao i zaspao. Spavao je nemirnim snom, trzao se i ječao. »Neću!« govorio je i prevrtao se. Iz džepova su mu u postelju ispadala ispijena »unučad«, kotrljala se po krevetu, padala na pod.

Angelina je večerala sama. Skupila otpatke, bacila ih u kantu za smeće. Pokupila je »unučiće« i krenula ka vratima. Na vratima je zastala, okrenula se prema mužu, odmahnula rukom. Izašla je u dvorište, na ulicu, u kontejner bacila smeće; ali, vratila se i bez smeća i bez kante. Uletela je u kuću, zadihana, raščupana. »Vasilije, ej Vasilije!« drmala je muža za rame.

»Šta je, zaboga?« upitao je, ne otvarajući oči.

»Zamalo i glavu da izgubim!« rekla je.

»Ko?« uzvratio je.

«Ja!« odgovorila je.
»Kako?« upitao je pridignuvši se na laktove.
»Kad sam bacila smeće, iza kontejnera me čekao pas! Bio je žut. Imao sjajne oči... Po svoj prilici besan.«
»Svašta s tobom!« uzvratio je muž.
»Kako svašta, pobogu«, usprotivila se. »Iskidao mi odeću, zamalo glavu da izgubim!«
»Ženska posla«, rekao je Vasilije. »Mogla si i da uzvratiš. Bilo bi zanimljivo!« dodao je kroz smeh.

Smejao se isprva nenametljivo, više se, zapravo, smejuljio, da bi kasnije počeo pijano da podriguje i da se cereka. Dok se cerekao, Angelina je oko njegovih zuba primetila parčad tkanine i konce od svoje kućne haljine.

IKONA SVETI KONSTANTIN

1

Popeli su se na sprat, hodnikom došli do kružnog stepeništa, sišli u suteren i našli se pred vratima na kojima je pisalo *Marija Mitrović.*

»Izvolite«, rekla je žena otključavši vrata. »Sedite«, rekla je kad su ušli u sobu u kojoj se nalazio stočić sa tri fotelje, masivni ležaj, kaljeva peć, plakar i udno sobe paravan.

»Hvala, mogu li da zapalim?« upitao je muškarac.

»Samo izvolite!«

»Pušite?« upitao je.

»Ne«, odmahnula je glavom. »Hoćete li votku?«

»Može.«

»Šta tonikom?«

»Ne!«

»Čistu?«

»Da!«

»Oprostite«, rekla je žena, izašla u hodnik i ušla u kuhinju.

»Poslužite se!« rekla je kad se vratila s bocom votke i dve čaše. »Samo da pristavim kafu!«

Soba je bila mračna, vlažna, memljiva. Sa sredine visoke tavanice visio je metalni luster, a desno od prozora, na kojem su bile čipkane zavese, ikona Svetog Konstantina i kandilo. Po paučini koja se nahvatala po uglovima sobe i po naslagama prašine naslućivalo se da u stanu niko ne stanuje ili, bar, da u njega odavno niko nije dolazio.

»Živite sami?« upitao je kad je žena ušla i na stočić stavila poslužavnik sa šoljama i kafom.

»Da!« potvrdila je.

»Razvedeni?«

»Nisam se ni udavala.«

»Ovde stanujete dugo?«

»Kad smo se doselili imala sam četrnaest godina.«

»To je Vaš otac?« upitao je, pokazavši na izbledelu fotografiju starijeg gospodina sa belom bradom.

»Otac«, potvrdno je klimnula. »Moj pokojni otac.«

»Kad je umro?«

»Pre dve godine.«

»Od čega?«

»Od čega ljudi umiru?« procedila je.

»Oprostite, možda sam prenaglio u svojoj znatiželji?«

»Ohladiće Vam se kafa«, skrenula mu je pažnju.

»Pijem hladnu kafu.«

Žena ga pogleda. »Sve je prljavo«, reče i prstom prevuče preko staklene ploče od stočića. »Već mesecima nisam uzela krpu u ruke.«

»Bežite od uspomena?«

»Hajde«, reče žena, uze ga za ruku i povede prema krevetu pored kojeg je bila pepeljara puna opušaka i nekoliko revija za žene.

2

Neobični miris, koji je osetio čim je ušao u stan, bivao je sve jači. Golicao mu je nozdrve, štipao oči; imao je utisak da će svakoga trenutka otpočeti sa strašnim kijanjem; bio je to težak zadah, zadah koji kao da mu je odnekud poznat. I žena mu je bila poznata i soba mu se učinila poznatom.

Čim je žena ustala iz kreveta i otišla u kupatilo, ustao je i on — obukao se, rukom se oslonio na fotelju, osvrnuo oko sebe, pitao odakle dolazi zadah, prišao prozoru.

Kroz prljavo prozorsko okno nazirale su se šupe, sklepane od pleha i dasaka. Između njih, u dvorištu, bili su razbacani komadi starog nameštaja: klupe, štednjaci, ležaji, stolice.

Odmakao se od prozora, došao do ispod ikone na kojoj je bio naslikan muškarac blagih crta, skrštenih ruku, odlučnog pogleda. U donjem levom uglu ikone bilo je štampano s. Constantino, a u desnom, primetio je rukom ispisanu cedulju: Od smokve naučite se priči.

Prošao je ispod ikone, pored stola, došao do paravana. Ovde je zadah bio mnogo jači, neprijatniji. Razgrnuo je paravan. U polumraku napipao je prekidač, upalio svetlo. Iza paravana ugledao je vrata.

Kad je otvorio vrata i ušao u malu ledenu prostoriju, zapahnuo ga je miris ustajalosti i raspadanja. Nasred prostorije bio je sto, a na njemu nešto umotano u ćebe. Zastao je za trenutak, uzdrhtao. Znatiželja je bila sve veća. Prišao je, povukao tkaninu.

Na stolu je ležao čovek. Imao je belu bradu, raširene zenice, ukočen pogled. Od podbratka prema temenu bila mu je obavijena marama. Ruke su mu bile prekrštene, nokti modri. Po koži lica oko očiju i na rukama, zeleneli su se mehurići.

»Prva faza raspadanja«, zaključio je čim se obreo na ulici.

3

Probudio se oko deset. U ustima je osećao nešto gorko, oporo. Osetio je mučninu, zadah od sinoć.

»Ohladiće Vam se kafa«, začuo je.

»Krupan muškarac, prva faza raspadanja«, setio se.

»Od smokve naučite se priči«, blesnu mu pred očima.

Možda je trebalo da sačeka, pomislio je. Možda žena ne zna? Ubistvo? Pitao se. Ako je leš podmetnut? Trebalo je da sačeka?

Ustao je, zapalio cigaretu, po navici, kad ustane, uključio radio. Začuo je dobro poznati signal koji najavljuje vesti.

Prišao je plakaru, ogrnuo bade-mantil, krenuo ka kupatilu. Kandilo koje je sinoć upalio zapucketalo je, zaiskrilo. Kroz plavičasti dim nazreo je nejasne konture ikone Svetog Konstantina, svoje krsne slave.

Kandilo je zapucketalo jače. Kroz plavičasti dim ugledao je kako muškarac lica koje je kroz dim lelujalo pruža ruku, hvata se za ram, iskoračuje prvo jednom, zatim drugom nogom, rukama se hvata za ram.

»I poslednja vest u ovoj emisiji«, začuo je spiker. »Jutros u Ruzveltovoj 48, u stanu 29, pronađeno je telo Marije Mitrović. Prema saopštenju Službe unutrašnjih poslova, ubistvo je izvršeno tupim predmetom. Istraga je u toku.«

U krevetu iz kojeg je upravo bio ustao, kroz plavičasti dim, ugledao je ispruženog čoveka, bele brade, skrštenih ruku, podvezanog maramom od podbratka do temena.

PRSTEN CARICE JELENE

Bilo je prošlo devet časova kad je monah Gavrilo stupio pred vrata ćelije igumana Pimena. Popravio je okovratnik sveštene odežde, stisnuo brojanice i tiho pokucao. »Ava«, obratio se igumanu koji je sedeo za stolom, leđima okrenut vratima. »Ava!« rekao je nešto glasnije, blago spustivši ruku na igumanovo rame.

Osim ljubavi, osećao je monah Gavrilo prema svome duhovnom ocu, sasvim razumljivo, i veliko poštovanje. Njegova osećanja prema energičnom ocu Pimenu nisu se izmenila ni posle njegovog drugog postriga, a ni posle mnogih iskušenja koja život, pa ma gde on bio, nosi sobom. Smerno, gotovo skrušeno ophođenje monaha Gavrila, ne samo prema igumanu već i prema ostaloj manastirskoj bratiji, nije bilo i ponizno. Smernost u ophođenju i osobinu da sopstvene postupke jednako preispituje imao je monah Gavrilo i pre dolaska u manastir, ali to nije proisticalo iz njegove nesigurnosti, straha, malodušnosti, ili, pak, neke vrste licemerja, već iz osobenog osećanja života i sveta, iz vere.

»Oče Pimen... Ava!« uzviknuo je Gavrilo kad je dodirnuo kao led hladnu ruku svoga duhovnog oca, i kad je shvatio da u njegovom telu nema više života. »Oče!« ponovio je gledajući u igumanova poluotvorena usta i ukočene zenice.

Iguman, koji je zbog šećerne bolesti bio obnevideo, kao da je sada, posmrtno, progledao — netremice je zurio u ikonu Hrista Pantokratora, koja se nalazila u uglu i na koju je kandilo bacalo srebrnaste odsjaje. Monah Gavrilo je pomislio da se kroz odsjaje pruža ruka Gospodnja, da se uzdiže njegov mač i da za njim, zaogrnut polusenkom, stupa otac Pimen. Prvi put je shvatio da za istinski duhovni podvig nije dovoljna samo usrdna molitva i smernost, i prvi put zamerio sebi što je došao na pomisao da se otac Pimen bavi i previše ovozemaljskim stvarima.

Iguman Pimen spadao je u red odvažnih monaha. Pored predane molitve posedovao je i sposobnost da upravlja manastirskim dobrima. Odmah posle 27. martovskih demonstracija naredio je da se zazida manastirska tajna riznica. I ma koliko su ga neki monasi odvraćali od takve zamisli, ili prema njegovoj odluci pokazivali krajnju nezainteresovanost, ostao je nepopustljiv.

Na praznik Svetog Kirila, arh. jerusalimskog, odmah po prvom bdeniju, u prisustvu arhimandrita Teodosija i monaha Gavrila, zazidana je tajna riznica sa dragocenim rukopisima, poveljama, knjigama, odećom, nakitom. Zazidana su tako 23 krsta — krst Stefana Dečanskog i cara Dušana; petnaest čaša — čaša novobrdskog mitropolita Viktora i Radivojev putir; pozlaćen okov jeromonaha Kentiriona, zbirka pojaseva, kolekcija panagija, preko sto kandila od srebra, neka pozlaćena itd. Tom prilikom, izuzetno, bio je otvoren i sarkofag sa moštima sv. Stefana, velikomučenika i ktitora Hrama Hrista Pantokratora.

Izvan riznice, ostalo je nešto bakarnog novca, bronzanog posuđa, dva-tri pehara, malo nakita, dva srebrna kandila i nesmotrenošću monaha Gavrila prsten carice Jelene, svadbeni poklon cara Dušana i remek-delo primorskih majstora.

Prsten je bio od zlata, imao je tri draga kamena, 57 granulnih zrnaca i predstavljao je vrhunac filigranske tehnike. Iguman Pimen naredio je da se ovaj prsten sa preostalim nakitom stavi u vitrine i izloži. »Prsten koji je čuvao manastir, sačuvaće i samoga sebe«, rekao je, odbacivši predlog arhimandrita Teodosija da se prsten skloni negde na skrovitije mesto, a zatim dodao: »Ko ne sabira sa mnom — rasipa.«

»Jer nema ništa tajno što neće biti javno, ni sakriveno što se neće doznati i na vidjelo izići«, podržao je oca Pimena monah Gavrilo citatom iz Jevanđelja.

Iguman je samo žmirnuo i nastavio: »Jer što u mraku rekoste, čuće se i na vidjelu; i što na uho šaptaste u klijetima, propovedaće se na krovovima.«

Arhimandrit Teodosije shvatio je na šta cilja iguman. Ali — umesto da primeti kako su njegovi argumenti protivurečni, da su suprotni odluci o zaziđivanju tajne riznice — odmahnuo je samo rukom. Prišao je prvo glavnom oltaru — prekrstio se, zatim sarkofagu, i udaljio se. Kad ga je na Svetog Nikolu po pravoslavnom, i na dan IV Adventa po rimokatoličkom kalendaru 1943. godine, nešto posle podnevnog obeda, đakon Luka obavestio da je u posetu manastiru došao oberst-lajtnant Rihard Kreger, arhimandrit je slegnuo ramenima i odbio da se pridruži monasima koji su oberst-lajtnantu trebali da ukažu gostoprimstvo.

Riharda Kregera, koji je po specijalnom zadatku bio upućen iz Oblasne vojnoupravne komande u Prizrenu (FK — 1042) i koji je već tri meseca bio na čelu Operativnog centra Okružne vojnoupravne komande u Peći, njegovu suprugu Kristin, ađutanta i članove pratnje dočekali su iguman Pimen, monah Gavrilo, ključar Grigorije i đakon Sava.

Oberst-lajtnant Kreger je u Hram Hrista Pantokratora došao, ne po svojoj, već po volji svoje supruge, gospođe Kristin Kreger, istoričara umetnosti, koja je za božićne praznike došla u posetu svome mužu. Nastojao je da prema svojoj supruzi bude korektan, ali, prema manastirskim znamenitostima ponašao se krajnje nezainteresovano. Gospođa Kreger bila je, pak, naprosto opčinjena sarkofazima, kraljevskim prestolom, zidnim slikarstvom i nadasve mermernim ikonostasom: ikonama Hrista, Bogorodice, sv. Jovana, sv. Nikole i Arhanđela Gavrila.

Kad su prolazili pored vitrine s nakitom, iguman Pimen je dobro zapazio požudu u očima gospođe Kreger. »Prsten svete majke Jelene«, rekao je i poveo je prema fresci carice Jelene, koja je na glavi imala široku krunu ukrašenu biserom i dragim kamenjem. Ispod krune joj je na ramena i carsku odeždu purpurne boje, posutu biserom, padao veo.

Čim je ispratio goste, iguman se opremio na put, u Prizren. U samo svitanje, bio je na domaku grada, a već u prvim jutarnjim časovima zakucao je zvekirom o vrata majstora Kuzmana, koga je zatekao u radionici kako kroz staklenu cevčicu izduvava sitne kapljice metala i slaže ih u ornamente na metalnoj podlozi.

Posle tri dana, iguman se vratio s kopijom prstena carice Jelene i bez dva dukata. Prsten se, na izgled, nije razlikovao od originala. Bio je patiniran, imao je tri lažna draga kamena, gotovo identičnu filigransku tehniku, ali i tri granulna zrna manje od originala. Majstoru Kuzmanu nikako nije pošlo za rukom da izlije identičan broj zrna. U to-

41

me nije uspeo ni uz pomoć Vasilija, najstarijeg zlatara u Prizrenu.

Iguman se iz Prizrena vratio umoran, bled i zamišljeniji nego inače. Iz ćelije je izišao tek sutradan, na Prep. Spiridona Čudotvorca, da Kregerovom ađutantu preda prsten za gospođu Kreger. Po povratku u ćeliju, pao je na postelju. Čim bi ustao, pred očima mu se maglilo, spopadalo bi ga nepodnošljivo štucanje. »Svet je ovaj đavofanijska prikaza«, izjavio je jednom prilikom monahu Gavrilu kad je ovaj došao da svom već obnevidelom duhovnom ocu čita jevanđelja svetih. »Poslao sam Kregeru lažni prsten«, dodao je lukavo trepćući.

Kada je odmah po oslobođenju, po povratku iz Skoplja, gde je bio upućen na lečenje od šećerne bolesti, posle pričešća i molitve, rekao: »Gospode, zakloni me od rđavih ljudi i sačuvaj od reči moje, i odagnaj onog otud«, monah Gavrilo je shvatio da se sa ocem Pimenom nešto čudno dešava i da je njegovo skončanje blizu. U to je bio već sasvim siguran kad je njegov duhovni otac ostao potpuno ravnodušan na vest da će stručnjaci Zavoda za zaštitu spomenika Narodne Republike Srbije otpečatiti tajnu manastirsku riznicu; ali, kad ga je obavestio da je na izložbi srpskog srednjovekovnog nakita u Beogradu prsten carice Jelene izazvao naročitu pažnju, kako stručnjaka tako i posetilaca, iguman je posle dužeg ćutanja rekao: »Nije trebalo da prsten napusti manastir!« i od tog dana potpuno je prestao da uzima hranu.

»Svet je ovaj đavofanijska prikaza«, prisetio se monah Gavrilo igumanovih reči u trenutku dok su igumanovo telo obučeno u sveštene odežde spuštali u kovčeg, i pored svog Ave spustio Jevanđelje štampano u Budimu pred prvi svetski rat.

Trećeg dana, na svetu nedelju, posle liturgije, otpočelo je opelo igumanu Pimenu u Hramu Hrista Pantokratora. Pri kraju opela monahu Gavrilu činilo se da između njega, Avinog kovčega i bratije ne postoji nikakva razlika, da se svi, likom Hrista sa kupole obgrljeni, sjedinjuju. Ali, kada je arhimandrit Teodosije, koji je načelstvovao opelom, uzviknuo: »Pridite, poslednje je celivanije«, nestalo je njegovog radosnog plača. Prilazeći kovčegu, monah Gavrilo je zaridao. Sagnuvši se da celiva Avin naprsni krst, sa zaprepašćenjem je primetio da krst nije između igumanovih ukrštenih ruku, da, zapravo, njegovih ruku uopšte i nema. Ne poljubivši krst, razrogačenih očiju, počeo je lagano da podiže glavu — u vitrini, na plavom plišu, ugledao je igumanovu desnu ruku, na srednjem prstu njegove šake svetlucao je prsten carice Jelene.

PLIVAČI

Čovek u sivom plišanom odelu, veštačkog oka, tršave kose, zatvori vrata iznad kojih je pisalo »Službeni ulaz« i priđe šalteru koji se nalazio nasuprot liftu. Kroz duvanski dim ugleda čoveka s podbratkom, nosa crvenog, pljosnatog, lica kao u žabe. Pored njega spazi poluokrenutog debeljka mesnatog potiljka koji je upravo od čoveka s neobično dugim mršavim vratom prihvatao flašu.

»Šta treba?« obrati mu se čovek pljosnatog nosa.

»Tražim mrtvačnicu!« reče jednooki.

»Muško ili žensko?« upita mršavko.

»Kolega s posla«, odgovori jednooki.

»Ivice, ti ćeš!« obrati se čovek s pljosnatim nosem debeljku.

»Šteta, nije riba!« dobaci mršavko.

»Kolega!« uzvrati čovek pljosnatog nosa.

Debeljko procedi nešto kroz zube, ustade i zadivljujućom hitrinom, dok mu se stomak ljuljuškao, iziđe.

»Hajde!« reče jednookom i krenu ka ogromnim hrastovim vratima. »Kad se preselio?« upita.

»Molim?« reče jednooki.

»Kad je umro?« upita debeljko otključavajući vrata.

»Pre deset dana.«

»Još ga nisu pokupili?«

»Ko?«

»Rodbina, neću valjda ja?« reče debeljko gurajući vrata.

»Imao je ženu... Razveden... Ne znam...«, promuca jednooki i stavi šaku na nos jer ga iz prostorije zapahnu oštar miris formalina.

»Sviđa ti se ovde, a?« dobaci debeljko i pođe ka polici iz čijih je pregrada virilo dvadesetak umotanih trupova sa mrtvačkim listama. »Kako se zvao?« upita.

»Gligorije Stanić«, prošaputa jednooki.

»Gligorije«, procedi debeljko i krenu od pregrade do pregrade. Zagledajući liste, mrmljao je: »Gligorije, Gligorije, Gligorije...«

»Ovde ga nema! Da vidimo u ‚akvarijumu'«, reče, dođe do bazena, podiže metalnu kuku i naže se. »Šta je bio?« upita.

»Režiser«, odgovori jednooki.

»Ovi ovde nemaju liste. To su takozvani socijalni slučajevi«, reče debeljko i grohotom se nasmeja. »Takvi odavde putuju na Anatomski institut, da dečica malo vežbaju — studenti, razumete?« dodade, zabaci kuku u bazen, zakači telo, dovuče ga do ivice. »Ništa«, reče. Ponovi pokret. »Bi l' ga poznao?« upita.

»Ja sam novi, jedva sam ga poznavao«, odgovori jednooki.

»Dođi, neće ti vrata pobeći!« dobaci debeljko.

»Poslali su me da uredim oko sahrane«, oklevao je jednooki.

»Dođi, dođi«, insistirao je debeljko.

Jednooki krenu, stade pored debeljka.

»Ovaj?« upita debeljko, pokazujući telo zakačeno kukom za vrat.

»Nije!« odmahnu glavom jednooki.

»Ovaj?«

»Ni taj«.

»Sad?«

»Suviše je krupan, naduven.«

45

»Pogledaj dobro!«

»Verovatno«, reče jednooki.

»Neka ostane ovako.«

»Zakačen?« upita jednooki.

Debeljko klimnu glavom. »Ajde da vidimo oko sahrane«, reče, odmače se od bazena, pođe prema vratima.

Jednooki ga sustiže kod šaltera. »Uđi!« reče debeljko otvarajući vrata koja su bila pored šaltera. »Sedi!« pokaza prema stolici.

»Sedi, sedi!« umeša se čovek pljosnatog nosa.

»Povuci!« reče mršavko pružajući mu flašu.

»Hej, ima li šta — za moga psa?« skočivši sa stolice, viknu čovek pljosnatog nosa prema poštaru koji izađe iz lifta.

KAKO SE SLUŽBENIK SVETISLAV TADIĆ VRATIO IZ RIBOLOVA

Pritajen u zadnjem delu čamca, zagledan u vrhove štapova, nije ni primetio da su se oblaci nadvili nad rekom. Tek kad je voda oko čamca počela da se talasa i kad su topole na obali zašumele, shvatio je da se sprema nevreme.

Samo što je štapove izvukao iz vode, spakovao ih i zaveslao, počele su da padaju prve krupne kišne kapi, a kad je doveslao do obale i čamcem zašao među vrbe, uz grmljavinu, sručio se pravi pljusak.

Ostao je u čamcu. Grane vrba bile su tako guste da ispod njih nije prokišnjavalo. Za svaki slučaj, sa dna prednjeg dela čamca uzeo je vetrovku i prigrnuo. Prijatna toplina, pospanost, obuzela ga je. Vrbaci i topoljaci su šumeli, niz njihove krošnje slivala se voda, a kiša je dobovala po površini reke. Dohvatio je flašu prepečenice, nagnuo.

Čitavog dana nije bio srećne ruke. Riba nije radila. Uzalud je menjao mamce, pokušavao na plovak, s olovom, na ribicu; uzalud je veslao uz vodu, niz vodu. Riba nije grizla ni uz obalu, ni dalje od nje. Pokušao je na brzaku i na tišaku. Okušao je sreću među ševarjem, u rečnom rukavcu.

Vreme je bilo teško, sparno, vazduh topao. Kad ga je čovek udisao, imao je utisak da diše uz plamene jezike, uz vatru koju je zapalio da zgotovi štogod za jelo, ili da se u jesenjim noćima, kad je sezona ribolova na izmaku, ogreje.

Još od ranog jutra shvatio je da od njegovog ribolova neće biti ništa. Na samicama, koje je postavio tokom večeri, čim je stigao iz Beograda, nije bilo ništa. Pomislio je da se smesta vrati u Beograd; ali, odustao je jer se nadao da će riba početi da radi bar predveče.

Obilazeći čamcem jedan sprud, gotovo da je odlučio da se vrati. Nije bilo kasno. Do noći je ostalo dva sata. Trebalo je čamac da ukotvi, opremu odnese u kolibu, pa pored Vražogrnačkog buka, uz Dunav, pravo na Slunski most, na put.

»Beograd je pust, užaren, kad sunce upeče nesnosan«, pomislio je i odlučio da do deset-jedanaest ostane na vodi, a potom će u kolibu, da nešto jede, prespava, pre podne peca, pa kući.

Odavde mu se jednostavno nije išlo. Svuda, osim ovde, imao je osećaj da ga gledaju, da ga promatraju nekako čudno, podozrivo, u potiljak, ispod oka. Ovde nije morao da preispituje šta je kome, kad i kako uz piće rekao, nije morao da vodi isprazne razgovore.

Kiša gotovo da je sasvim prestala. Ali, oblaci su se još više spustili, nalegli na reku, na vrbe, sklopili odasvud. Obuzelo ga je neko čudno osećanje. Ponovo se mašio flaše. Osetio je nelagodnost, kao kad je, nedavno, išao u Službu društvenih prihoda.

Čim je ušao u malo predvorje stare zgrade, prvo što je ugledao bila je oglasna tabla sa overenim spiskovima, ispod nje pajalica, krpa od jute i kofa s prljavom vodom. Naspram oglasne table nalazila se portirnica, u kojoj je, pored telefonske centrale, za stolom, dremao portir.

»Molim Vas«, obratio mu se. »Gde se izdaju potvrde?«

Portir je pomerio glavu, mljacnuo dva-tri puta, počešao glavu o mišicu leve ruke, pridigao se i mutno pogledao kroz poluspuštene kapke.

»Soba broj tri«, rekao je i ponovo spustio glavu na sto.

U hodniku, u koji je ušao kroz širom otvorena vrata, osećao se WC. Ugledao je pisoar, na podu iskidanu rolnu papirnog ubrusa, u uglu lavabo i česmu iz koje je tekla voda, bačene ostatke kamfornog sapuna.

Udno hodnika pronašao je sobu broj 3. Na vratima je bilo prilepljeno obaveštenje:

»Izdavanje uverenja, potvrda i prijava, nećemo vršiti u vremenu od 17. 06. do 13. 07. tekuće godine.«

Pokucavši, ušao je. Za stolom, nasred sobe, sedela je bubuljičava i trudna žena. Prevrtala je po nekim kartonima, beležila nešto sa strane, na posebnom listu.

»Zaista ne znam šta da radim sa vama!« rekla je. »Ako zaključam, lupate, ako ne zaključam, ulazite ko u svoju kuću!«

»Izvinite, hteo sam samo da pitam...«

»Nema šta da pitate! Na vratima piše kad možete da pitate!«

»Hitno je, gospođo!«

»Pazi, bogati! Hitno!«

»Molim Vas, kako mogu da dobijem uverenje o visini prihoda u prošloj godini?«

»Čime se bavite?«

»U preduzeću su mi dali potvrdu o visini plate. Potrebna mi je potvrda o prihodu na nekretnine.«

»Zemlja, kuće, šta?«

»Potvrda da osim ličnog dohotka nemam drugih primanja. Tačnije, na Dunavu imam...«

Zazvonio je telefon. Podigla je ruku uvis, dala mu znak da prestane sa pričom.

»Halo«, rekla je. »Boli me glava. Jeste. Pravim izveštaj. Ne mogu ništa od njih da uradim. Pokušala sam. Lupaju ... Ti? Pametno! U oko. Jednom i drugi put.« Razvukla je usne u poljubac, zastala za trenutak. »Šta vi čekate?« okrenuvši se, upitala ga je. »Sprat više, soba broj 21.«

Portir je i dalje dremao. Dremao je i kad se vratio u prizemlje. Zatekao ga je da drema pošto ga je bubuljičava, maltene, išutirala napolje.

»Opet vi!« rekla mu je. »Šta sad tražite?«

»Gospođo, ne dolazim što mi se dolazi već što moram!«

»Da se niste zaljubili?«

»Nisam Vam dao povoda za takvu sumnju!«

»Šta onda?«

»Uputili su me Vama, samo ovde mogu da dobijem ...«

»Vi ste zaista drski! Napustite prostoriju ili ću biti prinuđena da pozovem ...«

»Gospođo!«

»Hvala na poseti, do viđenja!«

»Shvatite, bez uverenja ne mogu da ...«

Ne obzirući se na njegove reči, žena je, zametnuvši se unazad, kažiprstom napipala zvonce. Gotovo istovremeno, na vratima se pojavila ćelava spodoba i ogromnu ručerdu spustila na njegovo rame ...

Kao da je u kancelariji Službe društvenih prihoda a ne u čamcu, pod vrbama, desnom rukom opipao je rame. Da bi odagnao osećaj nelagodnosti, zaveslao je prema matici.

Jedva da je dva, tri puta zamahnuo veslom, a već se mesto sa kojeg se otisnuo nije videlo. Čim je kiša prestala, sa prvim sutonom, iz vrbaka, sa vode, podigla se magla, koja, kao da je reku umrtvila, sklopivši svoje tanane niti nad njom, priobalnim rastinjem, okolnim brežuljcima.

Tišinu koja je pritiskala, remetio je jedino povremeni udarac vesla o vodu. Obuzelo ga je osećanje slično onom kad se noću pripit vrati iz grada, uđe u svoju mansardu i dobije ludačku želju da telefonira. Lice mu se skupilo u bolni grč.

Tražio je po notesu brojeve, gledao već izbledela imena, ali nikako nije mogao da pronađe ono pravo. U retkim slučajevima dešavalo se da nekog »dobije«. Tada bi pričao, isprva tiho, jedva čujno, a potom sve glasnije i glasnije. Na kraju bi celim potkrovljem odzvanjalo od njegovog telefoniranja, koje je trajalo sve dok se ne bi zagrcnuo, ili dok ne bi počeo da povraća: po kolenima, telefonu, po podu.

Jedne noći, međutim, tek što je bio ušao, neočekivano je zazvonio telefon.

»Molim!« rekao je.

»Dobro veče! Mogu li da dobijem profesora Svetislava Tadića?«

»Ne razumem!« uzvratio je.

»Mogu li da govorim sa profesorom Svetislavom Tadićem?«

»Ja sam, samo, ja nisam profesor. Ja sam . . .«

»O, zdravo profesore!« rekao je nepoznati. Ovde Nenad Jovanović, stomatolog, otkad vas nisam čuo! Kako ste profesore?«

»Izvinite . . .«

»Ništa, ništa! Ja svoje prijatelje ne zaboravljam!«

»Ali, ja Vas . . .«

»Dragi profesore, nema potrebe da se izvinjavate. Zaista je izlišno. Bože moj! Svi smo mi zaokupljeni brigama . . .«

»Gospodine, dozvolite! Ja Vas uopšte ne poznajem! Zapravo, ko ste Vi i šta hoćete od mene?« najzad je došao do reči.

»Oh, dragi profesore, jeste li sigurni da me ne poznajete? Verujte mi, ja vas neću zaboraviti!« rekao je nepoznati i nasmejao se prigušeno i promuklo.

To mu se ovde nikada nije moglo desiti. Mogao je do mile volje da sluša lišće kako šumori, da gleda u vodu koja lagano klizi, da se raduje izlasku i zalasku sunca, da uživa u brodovima koji prolaze rekom.

Sada, međutim, svuda oko njega bila je mrtva noć. Čak se ni voda nije videla. Shvatio je da bez baterijske lampe nikako neće moći čamcem da pređe na suprotnu obalu, da gotovo dva kilometra vesla nizvodno i dođe do kolibe. Ali, iako je pipanjem pretražio svaki delić čamca, lampu nije našao.

Nije imao izbora. Otpio je iz flaše i zaveslao nasumice.

Isprva se trudio da vesla lagano, smireno. Pokušao je da drži jedan pravac. Međutim, ubrzo je došao do zaključka da je to praktično neizvodljivo. Čitav sat je veslao, da bi napokon shvatio da se vrti u krugu i da je oko njega, jedna te ista, mrtva noć.

Strpljenje ga je već napustilo. Grozničavo je počeo da vesla. Nadao se da će se kako-tako dočepati obale. Ali, ubrzo, obuzela ga je malodušnost, predosećao je da će se do zore čamcem vrteti ukrug. Nije znao da vesla pravo prema obalskom šipražju i da će se čamac svakoga trenutka kljunom zariti u mulj. Tek kad je osetio dno, shvatio je da se konačno dočepao obale.

Pipajući ispred sebe i, gotovo, vukući, od nepravilnog i dugog sedenja, utrnule noge, došao je do ruba čamca i oprezno zakoračio. Baš u tom trenutku, čamac se zaneo u levu stranu i pomerio unazad.

Upao je u vodu do pojasa. Pošao je napred, okliznuo se, uspravio. Napipavši granu, uhvatio se za nju, lagano se pridigao i nesigurno kročio na obalu.

Teturao se preko kukuruznih njiva, išao kroz neke rovine, potoke, kroz ševar. Noge su mu do kolena zapadale u barski mulj. Posrtao je, padao i nikako nije mogao da odredi gde je, na koju stranu treba da krene.

Uzalud je osluškivao. Ništa se nije čulo. Išao je nasumice, tumarao od stabla do stabla.

Upao je u neku baru. Kad se uspravio, ugledao je svetlost. Poskočio je, jurnuo prema ivici šumarka, odakle je treptalo.

Kad je došao do šumarka, svetlost je nestala. Nastavio je u istom smeru. Grane su ga udarale po rukama, po licu. Saplitao se o vinjage. Ispod nogu krunio mu se šljunak.

Izašao je na čistinu, seo na oboreno stablo. Glava mu je klonula, kolena su mu uzdrhtala, kad je ugledao svetlost preko dubodoline kroz koju je već prošao.

Krenuo je natrag, kroz šumarak, došao na ivicu šibljem obraslog proseka, skotrljao se, četvoronoške uspuzao uz padinu. Išao je prema svetlosti koja se pomerala. Čas je bila kod kakvog drveta, čas pored žbuna. Ponekad je zasjala iza gomile kamenja, iznad šumarka. Treptalo je čas ovde, čas onde, a onda je svetlost odskočila uvis.

»Soba broj tri!«

»Karton!«

»Hitno je, gospođo!«

»Jeste li kod nas u evidenciji?«

»Ništa, ništa, ja svoje prijatelje ne zaboravljam!«

»Napolje!«

»Kanarinac, kanarinac!«

»Trebovanu robu ...«

Svetlost je počela zrakasto da se širi, da se približava. Začuo je žamor, pesmu:

»Široko polje, široko
Ljubim te, ljubim, u oko.«

Izdvajali su se zvuci tambure. Ženski glas je otpevavao:

»Traži me, traži, dragane
Da tuga moja prestane ...«

Zatim su svi u horu nastavili:

»Široko polje, široko
Visoko nebo, visoko ...«

Podvriskivanje, pesma, zvuci tambure, sve više su se približavali. Čuo je topot i glasan razgovor.
»Na zdravlje!«
»Dodaj meni!«
»Gde je moj bardak?«
»Daj mi kresivo!«
»Pripali na baklji!«
»Osmudiću kosu!«
Na čelu povorke jahao je jedan snažan muškarac. U jednoj ruci držao je zastavu, u drugoj baklju. Iza njega, u dva reda, jahali su ostali. U sredini kolone, jahala je mlada, pored nje plećat čovek, pridržavao je uzde njenog konja. Okolo su jahali mladići sa bakljama.

Kad je kolona došla do njega, izdvojio se stariji bradat muškarac.

»Potegni!« ponudio ga je čuturicom. »Svadba je prijatelju!«

U ustima je još osećao rakiju kad je kolona prošla mimo njega i nestala u daljini. A, onda, kad je i poslednji zračak svetlosti utrnuo:

»Dobro veče, profesore Tadiću«, začuo je odnekud poznat glas.

Osvanuo je među rakljama topole. Svuda oko njega bila je voda.

KLJUČ

Sneg je tog dana vejao kao u romanima. Gradske ulice bile su zakrčene, trotoarima se zbog poledice gotovo nije moglo ići.

»Zima ih je i ove godine u decembru iznenadila«, gunđala je žena u kratkoj bundi. »Nemaju soli, rezervnih guma; mehanizaciju su odvukli na gradske prilaze. Haos!« uzviknula je.

»U mom kraju nema vode, jutros nije bilo hleba«, uzvratila je Sonja Ivanišević, nastavnica likovnog u osnovnoj školi »Braća Petrović« na Banovom brdu.

»Propala zemlja, kažem Vam!« rekla je žena u kratkoj bundi.

Autobus je mileo Knez-Miloševom, svaki čas se zaustavljao, stajao na raskrsnici Knez-Miloševe i Nemanjine, ispred Američke ambasade. Putnici su se tiskali, strpljivo čekali; niko nije obraćao pažnju na dve žene koje su razgovarale.

Nastavnica Ivanišević je u autobus 531 ušla ispred bioskopa »Odeon«. Promrzla, čekajući autobus, zlovoljna i neispavana zbog astme koja ju je mučila, žurila je na posao.

»Ovo nema nigde«, rekla je žena u kratkoj bundi. »Toliki doprinosi a gušimo se po autobusima!«

»U pravu ste, gospođo«, potvrdila je nastavnica. »Kao da neko smišljeno . . .«

Trotoarom, kao po jajima, išli su prolaznici. Većina je uvukla glave u ramena, pognula se, snuždila.

»Nekad je sve bilo drukčije«, rekla je nastavnica, setivši se Karaburme na kojoj je odrasla, i dece kako se ispred prizemnih kuća valjaju po snegu, grudvaju, njihovih očeva i majki kako stoje uz njih, prolaznika koji prođe prtinom, nekim poslom, ne žureći. Setila se kako je, svojevremeno, gledajući u snežni zimski dan, zabeležila:

»Letim i kružim ka periferiji. Kružim i gledam Vihor snežni. Iza brdašca, vihor se diže, uz Planinu sve više i više, ukrug Vihor sve više vitla snežne bele pahuljice; a Leteći tanjir broj dva uzleće snažno iznad Vihora. Kružim i gledam obelisk snežni, kako se penje ka vrhu Suve planine, snegom zavejane. Najednom Vihor postade širi i napravi snežni Leteći tanjir . . .«

Kroz zamagljene prozore autobusa gledala je sive fasade i pomislila na svoj stan u Ulici Narodnog fronta, na crni sneg što se hvatao po prozorima, na bljuzgavicu, kad ulice pospu solju i uz grimasu procedila »Pod snegom belim, letim i kružim«.

Okrenuvši glavu od žene u kratkoj bundi koja ju je u jednom trenutku pogledala znatiželjno, crtajući krugove po zamagljenom staklu prozora od autobusa, ponovila je: »Letim i kružim.«

»Gospođo, gledajte! Neverovatno!« uzviknula je obrativši se ženi u kratkoj bundi, pokazujući na trotoar, na prolaznicu koja je imala sivu kratku bundu, kestenjastu kosu. »Ono Vam je sestra?« upitala je kad se prolaznica na trenutak licem okrenula prema autobusu; imala je istu bundu, isti stas, sličan stav u držanju, boju kose.

»Ne, ne! Šta Vam pada na pamet?« rekla je žena u kratkoj bundi. »Ja nemam sestre!«

»Neverovatna sličnost!« uzviknula je nastavnica, odmahnula glavom, uzdahnula.

»Spavaju žitelji mog rodnog grada«, prošaptala je, »a ja kružim i nebo čuvam, čuvam gradić pod snegom belim, kružim i čuvam mir iznad grada ...«

»Izađite!« rekao je šofer autobusa. »Ne može dalje. Zastoj!«

»Eto vidite!« obratila joj se žena u kratkoj bundi. »Šta sam Vam rekla? Pa ovo nema nigde! Ovakvog bezobrazluka nigde nema!« rekla je, ne primećujući suzu koja je nastavnici blistala u uglu oka, okrenula se i krenula ka izlazu.

Kad je nastavnica Ivanišević izašla iz autobusa, iz zapare koja se širila od vlažne odeće, žene u kratkoj bundi već nije bilo. Kročila je u stranu, dalje od vrata, da propusti putnike koji su silazili i silazeći muvali je laktovima. Napravila je zbog poledice nekoliko nesigurnih koraka, pogledala prema zgradi Saveznog SUP-a. Uz sam zid zgrade išla je žena za koju je pomislila da je sestra žene iz autobusa. Išla je lagano, nesigurno, oslanjajući se o fasadu zgrade. Nastavnica je pružila korak. U trenutku kad joj se približila na desetak metara, žena se okliznula, zaklatila levo-desno i opružila po ledu. U istom trenutku začuo se prigušen zvuk metala. Prolaznica je u padu ispustila ključeve, ključevi su odskočili, zazveckali i klizeći doprli do nogu nastavnice. Dok su se prolaznici okupljali oko žene koja je pala, dok su oni najpribraniji predlagali da se pozove hitna pomoć, da se nađu bilo kakva kola, nastavnica je podigla ključeve. Na privesku je pročitala *Ljiljana Ivanišević, Marijane Gregoran 42.*

Pogledala je prema ključevima, prema ženi koju su između sebe, ka kolima, nosila dva muškarca, krenula prema njima, s nevericom pogledala u adresu i ime ispisano na privesku, zastala.

»Baš lepo«, začula je. »Silazeći iz autobusa izgubila sam ključeve. Prosto je neverovatno da ih Vi nađete!« obratila joj se žena s kojom je u autobusu stupila u spontan razgovor i koja se pred njom, odnekud, najednom stvorila.

»Vaši ključevi?« s čuđenjem je upitala nastavnica.

»Da, hvala Vam!« rekla je žena u kratkoj bundi pružajući ruku.

»Ključevi su ispali njoj«, pokazala je nastavnica prema ženi koju su upravo unosili u kola. »Na privesku je ime moje sestre«, dodala je. »Zapravo ... Tu je i adresa ... Stanovali smo u ...«

»Dozvolite da pogledam!« rekla je žena u kratkoj bundi.

Stisnuvši ključeve, gledajući prema kolima, koja su između autobusa pokušavala da se provuku, nastavnica je rekla: »Kad je umrla, padao je sneg, nije bilo vode, ni hleba nije bilo.«

»Baš lepo!« uzvratila je žena u kratkoj bundi posegnuvši prema ruci s ključevima.

HALJINA GOSPOĐE KILIBARDA

Podigao je sa noćnog stočića »Politiku« od 26. jula 1976. Otvorio je stranu na kojoj je zelenim fromasterom bio zaokružen oglas »*Haljine* — kostime i ostalu odeću za žene, šijem moderno, stručno i brzo. Usluge pružam u stanu. Tel. 338472«. Prišao je telefonu, podigao slušalicu i okrenuo broj naznačen u oglasu.

»Molim!« čuo je ženski glas.

»Dobar dan!« rekao je. »Ovde doktor Kilibarda, 338472?« upitao je.

»Da, izvolite!«

»Juče sam u novinama pročitao da krojačke usluge pružate po kućama?«

»Tačno!«

»Moja supruga bi želela da sašije jednu haljinu. Da li biste i kada mogli da dođete?«

»Trenutak, molim!« rekla je žena. »Vašu adresu?«

»Rankeova 34, stan 19, na vratima piše dr Kilibarda.«

»U redu! Mogla bih da dođem tek za tri dana. Odgovara Vam?« upitala je.

»Da, samo mi recite u koje vreme?«

»Ako Vam odgovara, oko 17 časova?«

»Odlično! Pre podne ionako nikog nema kod kuće. To je četvrtak?«

»Četvrtak!«

»Mnogo Vam hvala! Do viđenja!«

»Do viđenja!« uzvratila je žena.

»Veoma ste tačni!« rekao je doktor Kilibarda krojačici, koja se pojavila u zakazano vreme, i propustio je u predsoblje, čiji je pod bio prekriven braonkastim itisonom, a zidovi ružičastim tapetima. »Izvolite!« ponudio joj je da sedne u fotelju kad su ušli u dnevnu sobu.

»Hvala«, uzvratila je krojačica i sela.

Seo je naspram nje. Između njih bio je stočić od orahovine, iza ženinih leđa trodelni regal. Pored regala nalazila se polica s knjigama, časopisima i gramofonom; pored police bife. Pod je bio zastrt persijskim tepihom, iza providnih nazirale su se plišane zavese. Levo od prozora bila su dvoja vrata; jedna od trpezarije i kuhinje, a druga od spavaće sobe. Sa tavanice, na metalnim šipkama, visio je luster sa četiri staklene kugle unakrsno postavljene — na dva nivoa. Zidovi u ovoj sobi bili su obloženi tapetima ljubičaste nijanse.

»Pušite?« ponudio ju je cigaretom »česterfild« koje su ležale na stolu.

Prihvatila je cigaretu. Doktor je uz lagani naklon upaljačem pripalio prvo njoj pa onda sebi. Odložio je cigaretu u kristalnu pepeljaru i otvorio bife.

»Viski? Kurvoazje?« upitao je.

»Viski!« odgovorila je.

Doktor je doneo dve čaše. Jednu je stavio pred nju, drugu pred sebe. Uzeo je cigaretu, povukao dim, otpio gutljaj pića i dohvatio tkaninu od sirove svile.

»Evo materijala od kojeg moja supruga želi da sašije haljinu«, rekao je.

Krojačica je ustala, prihvatila tkaninu za jedan kraj, drugi pustila da joj sklizne niz bok, pogledala svilene nabore, napravila pokret bedrom, skupila tkaninu.

»Gde Vam je supruga?« upitala je.

»Supruga?« zastao je. »Nije kod kuće. Jutros je morala da otputuje.«

»Šta ćemo onda?«

»Znate šta! Ona neverovatno liči na Vas. Ima iste takve braonkaste uvojke, iste oči, stas. Mogli biste, jednostavno, haljinu da skrojite prema sebi, sasvim će joj odgovarati.«

»Ne mogu tek tako, napamet. Ne znam njen ukus, ne znam kakvu haljinu želi. Mogu li bar da vidim neku od njenih haljina?«

Doktor je prišao regalu. Otvorio njegovo levo krilo. »Evo izvolite, pogledajte!« rekao je.

Složene jedna uz drugu, visile su: haljina od drap vunenog žoržeta, ukrojena u struk, malo naglašene kragne i sa rukavima tri četvrti; roze kostim od tvida sa nonšalantno izvučenom teget košuljom; dva kostima od štofa; zelena suknja na falte, sa crnim kožnim kaišem; haljina na glokne, crne suknje i bele bluze; »karo« haljina . . .

»E, prema ovom ćemo već nešto moći da uradimo«, rekla je krojačica pokazavši haljine koje su se nalazile iza dve ženske bunde — jedne od braon kože, a druge od braon krzna. Iznad bundi, na polici, nalazile su se četiri šubare — jedna od nerca, braon i bela od polarne lisice i jedna od srebrne lisice.

»Ovo je, verovatno, najnovije šivena haljina?« upitala je pokazavši belu koktel-haljinu, klasične dužine.

»U pravu ste, sašivena je pre dvadesetak dana«, odgovorio je.

Krojačica je izvukla haljinu, uzela meru, vratila je u regal prepun ženske garderobe. Tu je bila raskošna crna dugačka haljina sa bretelama od svilenog žoržeta, preko nje bio je prebačen beli nerc; dugačka zelena haljina od brokata, uzanih rukava; komplet pantalone, sako i pulover od mat braon somota

61

sa drap košuljom visoke kragne; farmerke i mini haljina od crvenog rebrastog somota koja se kopčala napred, po celoj dužini, i koja, verovatno, nije iznosila više od sedamdeset santimetara, a kojoj se krojačica samo nasmešila.

»Kad Vam se vraća supruga?« upitala je.

»Kroz tri, četiri dana.«

»Pa dobro, ja ću haljinu skrojiti. Za svaki slučaj njene delove neću štepati, samo ću ih profircati.«

»Kad će biti gotovo?«

»Otprilike za pet dana. Do tada će se i Vaša supruga vratiti, da proba«, rekla je i pošla prema izlaznim vratima. »Ah, da!« uzviknula je. »Umalo da zaboravim. Nosi li ona nešto ispod haljine?«

»Kako to mislite?« s čuđenjem je upitao doktor.

»Mislim na midere, steznike . . .«

»Ah, da, i to Vam mogu pokazati. Samo, ne znam koji broj nosi.«

Otvorio je fioku u donjem delu regala. Ukazali su se šareni peškiri za lice, za noge, za kupanje.

»Ne, nije ovde«, rekao je i otvorio fioku u kojoj je bilo nekoliko pari crnih, belih, sivih, hulahop-čarapa, jedan neotvoren brushalter marke »Lisca«. »E, u ovoj je!« uzviknuo je otvorivši fioku u kojoj se nalazio jedan drap i tri bela steznika.

»Steznik broj tri«, rekla je krojačica. »Izvinite što sam morala da Vas deranžiram, ali to je veoma važno da bi haljina dobro i skladno padala . . .«

»Ništa, ništa! Trebalo bi ja Vama da se izvinim, ali, verujte, nisam mogao da predvidim da će supruga otputovati . . .«

»Valjda će biti sve u redu!« uzvratila je krojačica.

»Ostaje kao što smo se dogovorili?«

»Ostaje«, potvrdno je klimnula glavom. »Do viđenja!«

»Do utorka, u isto vreme«, rekao je.

Krojačica je zazvonila po dogovoru. Vrata joj je ponovo otvorio doktor Kilibarda. Bio je, kao i pri prvom susretu, sveže izbrijan, pažljivo očešljan. I ovoga puta, brižljivo je prikrio zaliske pramenovima crne i ne baš bujne kose.

Na sebi je imao plavkastu domaću haljinu od laganog štofa, na nogama mekane kućne patike, pantalone od sivkastog tvida i, pod grlom otkopčanu, lanenu košulju.

»Izvolite, izvolite!« rekao je kad je primetio da se krojačica dvoumi da uđe. »Jeste li za kafu?«

»Neću moći duže da se zadržim«, odgovorila je.

»Kafa je gotova«, insistirao je.

»Zaista nije bilo potrebe da se trudite!« rekla mu je kad je iz ibrika nasuo kafu.

»Šećera?« upitao je. »Znate, ja uvek kuvam tursku kafu. Nekome se to sviđa, nekome ne«, dodao je.

»Pijete mnogo kafe?!« primetila je.

»To mi i žena kaže. Šta mogu, navika... Oprostite, samo da isključim gramofon!«

Gramofon je bio u uglu, na ovčjoj koži. Oko njega bile su razbacane ploče. Gotovo uz sâm zid, nalazila su se dva jastučeta, po čemu se moglo zaključiti da je muzika sa gramofona slušana udvoje.

»Nikad popodne ne spavam«, rekao je doktor. »Posle ručka se odmaram ovde, uz muziku, ponekad sâm, a ponekad mi se i ona pridruži...«

»Sve zavisi od navike«, primetila je krojačica.

»I ovoga puta moram da Vas razočaram«, nastavio je doktor i tužno pogledao u krojačicu, »žena mi nije kod kuće. Došla je na dva dana, juče je otputovala. Mnogo putuje. Takav joj je posao. Radi kao filmski organizator ...«

»Bez nje ovoga puta ništa ne možemo«, zaključila je krojačica. »Ja sam haljinu skrojila, sastavila, donela na probu. Samo još da je obradim na mašini ...«

»Jeste li sigurni?« uzvratio je. »Dozvolite da pogledam!«

»Odmah, odmah!« predusretljivo je rekla krojačica, mašivši se za haljinu koju je odložila na fotelju do sebe.

Haljina je bila upakovana u polivinilsku kesu, umotana u plavkasti papir. Iz paketa je virila drška od vešalice.

Krojačica je izvukla haljinu i prstima blago prevukla niz nju.

»Sviđa Vam se?« upitala je.

»Sjajno! Ženi će se mnogo dopasti.«

»Onda, neka haljina ostane ovde. Kad Vam je supruga proba, pozovite me, doći ću po nju.«

»Ne, ne! Nema potrebe. Suviše bi bilo da Vas izlažem takvom naporu. Znam, supruzi haljina apsolutno odgovara. Možete slobodno i bez probe da je završite ... Nego da Vas pitam, kakve bi cipele išle uz ovu haljinu? Hteo bih da je iznenadim, razumete?«

Krojačica je zastala, pogledala prema plafonu i rekla: »Braon salonke od ševroa. Haljini bi bio neophodan još i neki detalj; na primer, ruža od organdina, ili nakit od žada. Šta kažete?«

»Hvala Vam lepo. Zamolio bih Vas da ružu donesete sa haljinom, kad sledeći put budete dolazili. A nakit, mislim da već ima. Ako Vas ne zadržavam, dođite da pogledamo!«

U fioci koju je izvukao bilo je nekoliko bočica »Nine Riči« i kutija s nakitom — prstenje od belog zlata, ogrlice, minđuše, narukvice. Bio je tu i lančić sa priveskom u znaku škorpije, pregršt perli i nakit od žada. »Prekrasno!« uzviknula je krojačica. »Tu su i narukvica, i ogrlica, i minđuše — tu je sve!«

»Dobro, ostaje da kupim cipele, a Vi da donesete haljinu, ali, obavezno, sa ružom!« »Ne brinite, učiniću kao što ste rekli! Ali, bila bih sasvim spokojna kad bi Vaša supruga mogla da proba haljinu...« »Ne, ne! Nema potrebe! Haljina će joj sigurno odgovarati.«

»Dobro, kako Vi kažete«, rekla je.

»Kod žene, bez žene!« vajkao se doktor Kilibarda kad je krojačica donela haljinu na kojoj je bila ruža od organdina. »Ona je ponovo na putu«, nemoćno je raširio ruke. »Ah, taj filmski svet, nikako da se skrasi!«

»Zaista nemam sreće«, rekla je krojačica. »Toliko sam želela da, bar sada, na kraju, pogledam kako haljina stoji Vašoj supruzi.«

»Kod žene, bez žene!« jednako je ponavljao doktor Kilibarda. Prihvatio je haljinu, odložio je u regal. Ponudio je krojačicu pićem, cigaretama, uredno platio i otpratio je do lifta. »Mnogo Vam hvala!« rekao je na kraju.

Posle tri meseca, krojačica je ponovo zazvonila na vrata doktora Kilibarde.

»Gle, Vi!« rekao je doktor promolivši gornji deo tela tako da mu se donji, gotovo, nije ni video. »Došli ste kao poručeni! Za moju ženu treba ponovo da šijete«, obradovao se, propustio krojačicu u hodnik, a zatim, setivši se da je upravo izašao iz kupatila i da je za ovakav susret nepristojno odeven, dodao: »Molim Vas, izvinite! Upravo sam izlazio iz kupatila kad ste zazvonili. Nisam imao vremena da se pristojnije obučem. Ako Vam nije nelagodno, zamolio bih Vas da me sačekate u dnevnoj sobi.«

Doktor je i ovoga puta bio glatko izbrijan i očešljan. Na sebi je imao beli bade-mantil i papuče. Nije imao pantalone, već su mu ispod bade-mantila virile maljave noge.

»Oprostite!« rekla je krojačica. »Jako mi je neprijatno. Dolazim nenajavljena! Prolazila sam ovuda pa rekoh da pitam da li se haljina svidela Vašoj supruzi.«

Vrata od kupatila bila su otvorena. Ispod ogledala, uredno složeni, videli su se muški sprejovi, kreme za brijanje, ženska šminka, a iz otvorenog plakara u hodniku virile su domaće haljine, odela, penjoari, bade-mantili.

»Zaista mi je neugodno što sam Vas uznemirila«, rekla je krojačica doktoru kad se odeven pojavio u dnevnoj sobi.

»Zaboga! Došli ste kao poručeni!« uzviknuo je doktor. »Supruga je oduševljena haljinom, stoji joj kao salivena!«

»Znači, nisam pogrešila što sam došla?« upitala je krojačica sa vidnim olakšanjem.

»Naprotiv! I da niste došli, potražio bih Vas. Supruga je ostavila poklon za Vas«, rekao je i doneo paketić uvezan roze trakom.

»Predivno!« uzviknula je krojačica kad je otvorila paketić i ugledala srebrni broš. »Zaista mi je neprijatno! Hvala Vam! Ne znam kako da ...«

»To je stilizovana sirena, simbol Varšave. Supruga tamo snima film. Prema legendi, ulovljenu sirenu hteli su da poklone knezu za večeru. Ali, sirena je tako zanosno pevala, molila, da su je vratili u Vislu!« nasmešio se.

»Prelep je! Mnogo Vam hvala!« ponovila je krojačica gledajući jednako u broš.

»Eto!« nastavio je doktor. »Sirena je simbol Varšave, simbol umetnosti, lepote. A naš? Mi smo narod ratnički. Pobednik je simbol Beograda. Šta to vredi, kad je Meštrović napravio karikaturu od ... Ali, ostavimo to!«

odmahnuo je rukom. »Supruga je ostavila da joj se sašije bluza«, rekao je i doneo crveno--belu svilenu tkaninu.

»Kakav model želi? Nije Vam rekla?«

Da, da! Bluza treba da bude na raskop-čavanje, treba da bude strukirana, da prekri-va kukove, da ima »ve« izrez i rukave tri čet-vrti — široke.«

»Nema problema! Skrojiću kao što ste rekli.«

»I ovoga puta krojićete kao da krojite za sebe?«

»U to ne sumnjajte!« rekla je krojačica savijajući tkaninu.

Krojačica se kod doktora Kilibarde po-javila još dva puta. Prvi put kad je donela bluzu na probu i drugi, kad je bluza već bila gotova. Pri poslednjem susretu, primetila je, doktor se smeškao, bio ljubazan kao i obič-no, ali ju je u dva-tri maha odmerio, pogled zadržao na njenim bedrima.

Posle nedelju dana krojačica se pojavila opet u Rankeovoj 34 i, u predvečerje, pozvo-nila na vrata doktora Kilibarde. Na njeno iznenađenje vrata joj je otvorila gospođa Kilibarda. »Dobro veče«, pozdravila je. »Vi ste gospođa Kilibarda?«

»Da!« potvrdila je žena srednjih godina. »Izvolite!« rekla je.

»Oprostite što dolazim nenajavljena!« naglasila je krojačica. »Radujem se što sam Vas konačno upoznala!«

»Kojim povodom? Ne razumem!« uzvra-tila je žena.

»Šila sam za Vas haljinu, bluzu ...«

»A, baš lepo!« uzviknula je gospođa Ki-libarda. »Vi šijete za butik »Marinu«! Izvo-lite, izvolite!« rekla je i uvela krojačicu kroz hodnik u dnevnu sobu. »Izvolite, sedite! po-kazala joj je prema fotelji. »Imate zlatne ru-ke«, dodala je. »Haljina je izvrsna, naročito je efektna ruža od organdina... Radite sami ili ste nekog angažovali?« upitala je.

»Sama«, odgovorila je krojačica. »Kako Vam se dopada bluza?«

»Šta da Vam kažem!« uzviknula je gospođa Kilibarda. »Devojka je bila u pravu kad mi je preporučila... Ko god je video, svak misli da je kupljena u najelitnijem... Oprostite! Viski? Kurvoazje?«

»Viski!« rekla je krojačica. »Konačno da Vas upoznam! Imate zlatnog muža!« naglasila je.

»Muža?« upitala je gospođa Kilibarda prinoseći čaše s pićem. »Hm?« procedila je primetivši kod krojačice, na levom reveru njenog kostima, broš — stilizovanu sirenu.

»Ja nisam bila takve sreće«, nastavila je krojačica. »Kad bi se za mene neko toliko angažovao?!«

»Ko?« upitala je gospođa Kilibarda.

»Vaš muž je zlatan!« rekla je krojačica. »Ljubazan, kulturan. Uverila sam se u to već pri prvom susretu, kad sam došla po materijal!«

»Kakav muž!« uzviknula je gospođa Kilibarda. »Moj muž je umro pre tri godine«, rekla je s tugom u glasu.

KUĆA U KOJOJ SE PRAVI SAPUN

Pošto je celoga dana išao s kraja na kraj grada, uzaludno pokušavajući da pronađe sobu za stanovanje, izgubivši nadu da će do večeri išta naći, promrzao, pokisao i gladan, zakucao je na vrata Pelagije Višnjić.

»Dobar dan«, rekao je. »Ja sam Dejan Rančić, student sociologije. Vi izdajete sobu?«

»Da!« rekla je starica i propustila ga u hodnik, koji je bio u skladu sa spoljašnjim izgledom oronule kuće. U njemu je bilo mračno i hladno — mirisalo je na kiseli kupus, buđ i mokraću. Tepih na podu bio je na više mesta progoreo, orman natruo, sa zidova se ljuštio kreč.

Starica je, očigledno, živela oskudno. Na nogama je imala poderane kućne patike iz kojih su virili prsti, na glavi noćnu kapu, flekavu i izgužvanu, na ramenima izlizani šal. Ispod umazane crne suknje virile su joj nožice.

»Evo!« rekla je, otvorivši vrata udno hodnika i propustila ga u onisku sobicu.

Nasred sobe nalazio se sto prekriven umrljanom mušemom, pored stola gvozdeni krevet sa madracem. U jednom kraju kreveta bili su nabacani dušeci i ćebad od grube vojničke tkanine, a iznad njega beše prozorčić s metalnim rešetkama, kuda je prodirala svetlost mutnog zimskog dana. Pod je bio zastrt samo između kreveta i stola. Prostirka je bila stara, polutrula i iskrpljena.

»To je soba za koju ste u novinama dali oglas?« upitao je.

»To!« potvrdila je starica.

»Koliko košta?«

»Sto dvadeset hiljada.«

»Osim Vas, ko još živi u kući?« upitao je.

»Sama sam«, rekla je starica s tugom. Pažnju mu je na trenutak zaokupila mačka koja se oglasila s prozora; izmigoljivši se ispod ćebeta, pridružila joj se druga.

»Nigde nećete naći jeftinije. Nameštaj i posteljina su moji«, obratila mu se starica.

Mačke su se s prozora stropoštale na pod. Frkćući, počeše da se valjaju ka sredini sobe.

»Pis, đavo vas odneo!« uzviknula je starica.

»Treba s njima da stanujem?« upitao je pokazujući na mačke.

»Ne, ne! One će kod mene«, odgovorila je starica. »Smestila sam ih ovde privremeno. U sobi niko nije stanovao ...«

»Da platim unapred?« upitao je.

»Kad biste došli da stanujete?«

»Večeras.«

»Ne treba«, odmahnula je glavom.

»Doći ću za sat, dva. Idem po stvari.«

»Da vam kažem«, rekla je starica. »Ja sam stara žena. Ne trpim galamu. Ovde ne možete dovoditi društvo, ne možete se kartati, piti ...«

»To nikad nisam radio!«

»Upozoravam Vas! Ovde je stanovao student koji je sve to radio.«

»Neće biti problema, tetka!« rekao je starici izlazeći u dvorište.

Vratio se kao što je i rekao — posle dva sata.

70

Soba je bila očišćena, krevet raspremljen, prozor otvoren, pod izriban, mačke izbačene.

Ne svlačeći se, promrzao i gladan, uvukao se u krevet koji je mirisao na mačke. Dugo je cvokotao pod pokrivačem, dugo se zbog hladnoće nije usudio da napravi ni najmanji pokret telom, da opruži nogu, da se nakašlje.

U sobi se ništa nije videlo. Žućkasta svetlost, što je dolazila kroz prozorče, s ulice, nije mogla da razbije gustu pomrčinu. S vremena na vreme, ulicom bi prošao neki automobil, ili bi se kakav promrzli prolaznik nakašljao. I mačke, koje su mjaukale negde u hodniku, smirile su se. Samo se starica čula kako u svojoj sobi mrmlja, priča nešto sama sa sobom.

Prebacio je sebi što u povratku, na skveru, kad je izašao iz autobusa, nije kupio kiflu, pogačicu, ili bar perecu. Zašto je žurio? Nosio je kofere — pa šta? Da ustane, ode i potraži nešto za jelo, bilo je već kasno. Zašto je želeo da se što pre dovuče ovde?

Pokrio se po glavi i, kao da već nije bio u sobici sa niskom i neravnom tavanicom. Pod nogama je čuo škripu snega. Njegova belina udarala mu je u oči, a toplina mu se razlila telom, kao kad se u vreme zimskog raspusta u sumrak iz grada vrati na salaš, otrese sneg sa obuće, odeće i uđe u zagrejanu sobu. Kako je sve to daleko! Pomislio je. Kao da nikad nije jeo kupus sa pastrmom, pio vruću rakiju ... Zaključio je da, čim overi semestar, otputuje bar na petnaest dana.

Zaspao je s uverenjem da nije u oniskoj sobici već na putu za salaš. Sneg mu je škripao pod nogama, od mraza pucketalo drvo, ptice se spremale za počinak, a on je krupnim koracima grabio.

Našao se u visokoj dvorani. U njenom dnu, u kaminu, plamsala je vatra. Osetio je miris pečene guske, čuo za trpezom razuzdan smeh. Pogledao je prema vencu koji je uokvirivao plafon, prema metalnom lusteru. Začuo je prasak. Plafon je počeo da prska, luster da se njiše. Po trpezi i podu padao je kreč, malter, cigla. Pogledao je prema kaminu, prema vratima. Nije ih bilo. Ni trpeze nije bilo. Svuda okolo samo zidovi.

Na sredini dvorane primetio je jedno tanko dugačko drvo — jasiku. U njenom vrhu spazio je svraku. Viknuo je kratko, bez daha. Ništa. Svraka je samo počučnula, spremila se da poleti, ali i dalje je ostala na drvetu. Pokušao je da otera svraku pokretom ruke. Uzalud. Ruku ni da pokrene nije mogao. Ništa osim trzaja nije uspeo da napravi.

Pogledao je prema plafonu. Nije ga bilo. Na nebu se crneo mesec. Ni drveta nije bilo. Umesto drveta i svrake, ugledao je pramen magle koji se spuštao, kotrljao, rastao. Kroz maglu se ništa nije videlo, samo se mesec i dalje crneo.

‚Kako je dalek?' pomisli. ‚Zašto je crn?' upita se.

Magla je počela polako da se razilazi. Mesec se spuštao, uvećavao. Lebdeo mu je nad glavom, spuštao se, dodirnuo mu čelo, a onda je odleteo kroz rešetke od prozorčeta.

Kroz san, na trenutak, shvatio je gde se nalazi, a onda, vrata su se sa škripom otvorila. Ponovo je uplovio mesec. I dalje je bio crn, ali, to već nije bio mesec, nego ždral koji je doskakutao do kreveta, propeo se uz njegovo uzglavlje, kao da će svakoga trenutka poskočiti, da će kljunom prema njegovom oku.

Ždral se propeo, poskočio, ali još u skoku, nestao je, pretvorio se u crno klupko, u pacova. Odnekud — stvorilo se više pacova.

Sasvim je dobro čuo njihovu ciku. Video je kako mile po sobi, kako su se, namah, skupili u gomilu. Poput lopte, gomila je poskočila — pred njim se stvorilo nešto žuto, maleno, neka nakaza. Između kreveta i stola, pod se rastavio. Ukazala se hladna memljiva jama. Žuta nakaza je zalajala i nestala u njoj.

Trgao se kad je u staričinoj sobi sat izbio dva. Bio je mokar od znoja. U slabinama oseti nešto toplo, mekano, začu jednolično disanje koje je remetilo tišinu od koje je zujalo u ušima. Zbacio je prekrivač, skočio sa kreveta i, tresući se celim telom, napipao prekidač. Na krevetu je ugledao mačke koje su, pripijene jedna uz drugu, spokojno spavale. Video je poluotvorena vrata. Još drhteći, prišao je krevetu, povukao donji čaršav. Mačke su se svalile na pod, unezvereno pogledale oko sebe i šmugnule kroz poluotvorena vrata.

Kad je došao sebi, zatvorio je vrata, ali je shvatio da ne dihtuju najbolje, tako su i mačke, odgonetnuo je, mogle da uđu u njegovu sobu. Podigao je kofer, stavio ga na krevet, izvukao majicu, gaće, košulju — ostavio veš koji je svukao, zatvorio kofer i spustio ga pored kreveta.

Vrata ne mogu sasvim da se zatvore, tako su i ušle! Govorio je sebi dok je išao prema prekidaču s namerom da ugasi svetlo. Taman kad je pružio ruku, poluokrenuvši se s namerom da se vrati u postelju, pogled mu je pao na prostirku. Zadrhtao je. Tkanina na podu bila je skupljena. Odbacivši sumnju, nejasnu slutnju, osećanje nelagodnosti i nespokojstva, prišao je da namesti tkaninu. Čim se sagnuo, ugledao je poklopac.

Nagnut nad poklopac, dugo se nije usudio da se pomakne, da napravi i najmanji pokret telom. Oko očiju ga je peklo, u grlu steglo. A onda — hrabreći sebe da nema čega da se plaši, dok su se u njemu mešale zebnja i želja da pobedi strah — odlučno je pružio ruku. Poklopac je zaškripao. Iz otvora koji se nazirao, osetio je vlagu. Drhtavom rukom upalio je šibicu i, u trenutku kad je planula, sasvim je lepo video stepenice koje vode dole, u dubinu.

,Nemam čega da se plašim', hrabrio je sebe.

Kapci oko očiju su ga i dalje pekli, ali savladao je uzbuđenje i kročio na prvi stepenik. Pritajio se. Sačekao. Ništa se nije desilo. Pružio je nogu, dodirnuo sledeći stepenik, oslonio se. Telo je skupio kao da će svakoga trenutka da poskoči.

Upalio je drugo palidrvce. Plamen koji je zaigrao nije se ugasio jer je promaja sada bila nešto manja. Uvukao je glavu u otvor. Desno od uva ugledao je prekidač, pritisnuo. Sijalica je blesnula — stepenište je bilo od dasaka, vlažnih i trulih, i završavalo se pritvorenim vratima.

Oprezno je nastavio sa silaženjem, došao do dna stepeništa gde je bio ulaz u podrumsku prostoriju. Gurnuvši pritvorena vrata, provirio je. Sa sredine podrumske tavanice kapala je voda. Nasred podruma bila je krečana iz koje su virili ostaci polusagorele odeće, belasale se kosti ruku, nogu ...

Zgrčio se. U stomaku je osetio mučninu. Podrignuo je, počeo da povraća. Četvoronoške, počeo je da puzi uz stepenište, došao do vrha, iskočio. Dograbio je poklopac, zatvorio otvor, navukao prostirku, navalio na nju sto, zastao, osmotrio po sobi i nečujno prišao krevetu.

Ni jednog trenutka nije se dvoumio. Izuo je cipele, krevet prekrio prekrivačem, ugasio svetlo i, u ruci držeći cipele, stao pored vrata.

Nije dugo čekao. Osetio je da je neko prišao vratima. Čuo je došaptavanje. Osetio je kako se vrata lagano otvaraju, spazio dve siluete kako ulaze u sobu, promiču pored njega i ustremljuju se ka krevetu.

Jurnuo je kroz hodnik, naleteo na izlazna vrata, proleteo kroz staklo, našao se na ulici.

Za sobom, čuo je jednoličnu lupu koraka.

POROĐAJ

Osetila je da joj je pritisak u donjem delu trbuha naglo popustio. Bolovi su uminuli. Ali, posle desetak minuta javili su se opet. Trajali su duže od prethodnih. U pravilnim razmacima čupali su joj utrobu, rastrzali i skupljali matericu, a ploda nije bilo. Stomak joj je splasnuo — kao da nije trudna. Ruke su joj malaksale, noge omlitavile.

Čaršav na kojem je ležala, bio je vlažan, zgužvan i natopljen crvenkastom sluzavom i lepljivom tečnošću, sukrvicom, koja joj se cedila između nogu i natapala ga.

Ležala je na krevetu koji se nalazio u uglu, u senci, i, koji, jedva da se video u sumraku što je lagano obuhvatao sobu. Levo od kreveta, na podu, bila su dva crna steznika od sintetike, nekoliko traka od istog materijala i dva vlažna peškira — posle upotrebe odbačena.

»Odvratno!« procedila je trudnica, pridigla se na laktove i nagnula preko kreveta.

Novi napad dobila je kad je spustila glavu na perjani i umazani jastuk. Zastenjala je, zgrčila se. Klateći glavom levo-desno, nagnula se napred, nervozno vratila glavu unazad, na jastuk, skupila noge uz trbuh.

Senke sa plafona, koje je pri prvim bolovima tek nazirala, ponovo su joj se ukazale. Igrale su, splitale se, pretvarale čas u mrežu, čas u vlakna razvučena unedogled.

Začula je pucketanje, osetila strujanje suvog i vlažnog vazduha. Iz ugla, okačen o tananu nit, pojavio se crni pauk veličine dlana. Došao je do sredine plafona, obreo se iznad kreveta i počeo da se spušta. Za njim je ostajao svilenkasti trag. Visio je već nad krevetom. Sasvim je dobro videla crvenkastu telesinu, lepljive pipke kako joj se pružaju prema stomaku; grčili su se, upredali — pauk se spuštao. Kad je izgledalo da će je dodirnuti, da će joj pipke zariti u stomak, kad je izgledalo da je ujed neminovan — pauk je odskočio uvis, prema mreži u koju se pretvorio plafon; dodirnuo je mrežu, stresao se, zastao i ponovo jurnuo naniže, prema krevetu.

Osetila je kako joj se u predelu bedara razliva nešto toplo, kako joj toplota zahvata čitavo telo i iz utrobe se širi kroz noge i ruke. U trenutku kad je novorođenče, mekano i toplo, skliznulo na postelju — pauk, mreže, senke, nestali su.

Pridigla se na laktove i rukom koja joj je bila onemoćala, sa police dohvatila makaze. Klonula je u postelju, pridigla se na levi lakat, nagnula napred i prerezala pupčanu vrpcu.

Između nogu joj se jednako slivalo. Tečnost je sada bila gušća, crvenija. Donji deo stomaka joj se još uvek grčio, skupljao. Odliv je bivao sve jači. Mreža, koja je nestala, koja se razmakla, sada se najednom pojavila, granala se, splitala — cela se soba ispunila mrežama.

Šljapkala je preko barica. Prošla ispod kedra. U njegovom podnožju bilo je napisano *Libanski kedar — Cedrus libani*. Kroz izmaglicu ugledala je ljuljašku ispred kuće. »Ako se još jednom vratiš iz škole sa glavom punom peska«, rekla je majka, »reći ću ocu!« Čuo se zveket posuđa. »Zna se kad se tele-

77

fonira«, rekao je otac. »Ovo je poslednji put.«
Autobus je kloparao neravnim drumom. »Pamet u glavu!« rekao je otac. »Nisi maloletna!«... »Hoćete kuću da mi raskućite«, začula je. »I ja sam svog oca tu ostavio...« I ja sam ostavio oca, svog oca tu sam, tu sam, svog oca ostavio, tu oca svog... Odvratni... Matori odvratni, matori je odvratni... Šta da mu kaže, da mu kaže šta, kaže mu šta da mu... »Da mi rodiš malog pesnika!« rekao je. Kad se snađe... U Štutgartu. Predstavnik. »Jugodrvo«. Malog pesnika... Iznajmiću stan, ću, iznajmiću, stan ću...

Kad je otvorila oči, ništa se nije videlo. U prvi mah nije znala gde se nalazi, šta se sa njom zbiva; nije shvatala da li se s njom uopšte nešto i zbilo. Pridigla se na laktove. U predelu trbuha osetila je poznati bol. Setila se svega. Ležala je u mokroj i sluzavoj postelji. Ispod nogu bilo joj je *ono*, oblo lepljivo. Skupila je nogu, opružila. Ono, lepljivo i oblo, zaplakavši, otkotrljalo se niz čaršav u donji deo kreveta.

»Meso, krv!« reče. Oprezno pomeri prvo jednu, potom drugu nogu. Sede na ivicu kreveta.

Između kolena joj skliznu nešto vlažno, mlohavo. Oseti da u sebi nema više ničeg suvišnog, stranog; nečeg što pritiska, što nagoni na povraćanje. I poslednji, suvišni deo izašao je iz nje. Crvenkasta, sluzava, vlažna posteljica, ležala je pored njenih nogu.

Ustade. Pred očima joj zaiskri. U želucu oseti mučninu. Noge su joj podrhtavale, telo omlitavilo, ruke malaksale. Oprezno je kročila. Načinila je dva-tri koraka, zastala pred vratima, napipala prekidač, upalila svetlo.

Gotovo vukući noge, vratila se ka krevetu. Došla je do stola, stegla šaku desne ruke u pesnicu.

»Pismo!« uzviknula je, »pismooo!« i sa stola podigla koverat koji je dobila još pre tri dana. »Pismo!« Rekla je i zaplakala.

Plač joj je bio isprekidan, u početku jedva čujan, potom sve jači, da bi se pretvorio u grcanje, a zatim u smeh.

Podrhtavajući i tresući se u ramenima, prišla je krevetu.

»Dobila sam pismo od tvog oca!« uzviknula je prema novorođenčetu i dohvatila ga za nogu. »Ići ćemo kod dede! Jedva nas čeka! Vodićemo i oca. Oca!« uzviknu. »Da te kupam! Da te kupam!« reče i baci koverat na čijoj je poleđini pisalo: »R. M. Weissenburg Str. 38, 7. Stuttgart — 1, SR NEMAČKA.«

Uz kikot podiže dete uvis. Dohvati ga za vrat, steže. Ono se koprcnu dva-triput, zadrhta i opusti.

Spustila je novorođenče na krevet, načinila smotuljak, stavila ga u kesu, povrh smotuljka peškir, svezala. Odložila je kesu, uzela drugu, u nju ubacila prvu.

»Da te kupam!« jednako je ponavljala.

VENČANJE U OPŠTINI STARI GRAD

»Ko si ti?« upitao je. »Niko i ništa! A znaš ko sam ja? Ja sam, ja sam, burazeru, asistent, na biohemiji, razumeš? Još kad bi znao šta je to!« rekao je čoveku krivih nogu, crvenog nosa, kaputa umašćenog, u fronclama. »Ja sam genije, razumeš!« uzviknuo je. »Na putu sam epohalnog otkrića. Stvoriću grickalo, da pozoblje ove ovde, skakavce, razumeš? I tebe će pozobati u slast!« mljacnuo je usnama, oblizao se, lupio pesnicom o improvizovanu tezgu na kojoj studenti povremeno prodaju bižuteriju. »Stvoriću grickalo«, nasmejao se, stegao ruku u pesnicu, izdigao je iznad glave i zatresao njome prema gomili koja je u Nemanjinoj, preko puta »Slobode«, čekala prevoz. »Hm!« odmahnuo je glavom, spustio ruku, iz unutrašnjeg džepa od mantila izvukao »bombicu«, prineo je ustima, otpio.

U životu Pavla Gligorijevića sve je počelo naopako otkako se oženio po drugi put. Bilo je to ovako:
Pred Svetog Alimpija Stolpnika iznajmio je stan u Francuskoj 18 i doselio se sa suprugom u predratnu vilu, vlasništvo gospođe Katarine Nikolić, supruge pokojnog Veljka Nikolića, trgovca krznom, sopstvenika krznarske radnje u Uzun Mirkovoj.
Gospođa Nikolić, sedamdeset šestogodišnja starica, živela je od muževljeve penzije,

80

sama. Radnju su nacionalizovali, muž je umro, dece nisu imali. Od prvog dana, po doseljenju, prema mladom bračnom paru Gligorijević držala se korektno, da bi ih ubrzo prihvatila kao najrođenije.

»Deco«, obratila im se jedne večeri u drugoj nedelji po Božiću. »Ja sam stara žena. Trudila sam se da u životu služim Svetlosti i Pravdi. Moje srce je žudelo za Večnom Istinom. I kao što sam ja ispratila oca i mater u večni pokoj, tako se i meni bliži čas skončanja.«

Asistent i njegova supruga Nadežda, dvadeset sedmogodišnja nezaposlena pravnica, samo su se zgledali. Nisu odmah shvatili šta cilja.

»Iz požude, želje i pohote, kažu sveti oci«, nastavila je gospođa Nikolić, »rađa se zlo. Nisam za to da čovek ugađa telu, telesnim strastima, ali da bi čovek dušu spasao, telo treba negde i da skloni.«

Šta joj je, upitno je asistent pogledao suprugu, s kojom se, uprkos nerešenom stambenom problemu i maloj asistentskoj plati, dobro slagao.

»Onaj koji nema vere, uzda se u novac«, poslužila se gospođa Nikolić citatom iz svetih otaca. »Veru su nam uzeli, novca, koliko vidim, nemate. Od oca i matere nasledila sam kuću. Ne bih želela da posle moje smrti pripadne Opštini.«

Asistent i njegova supruga opet su se zgledali. »Nije pokazivala znake duševnog oboljenja«, da je bilo prilike rekao bi asistent.

»Deco, ne dam im ništa!« uzviknula je gospođa Nikolić.

O čemu je dalje govorila to niko ne zna; tek, sutradan, 18. januara 1982. asistent i njegova supruga podneli su zahtev za sporazumni razvod braka. Na drugom ročištu njihov brak, zbog neslaganja karaktera, proglašen je pravno nevažećim. Ostaće tajna kako je tekao dogovor o lažnom razvodu; ali, nema tajne, da su, petnaest dana po razvodu, u Opštini Stari grad, pošto su pokazali rešenje o razvodu i umrlicu, venčani asistent i gospođa Nikolić.

Ma koliko venčanje držano u tajnosti, »Večernje novosti« tih dana donele su članak u kojem je opisan ceo događaj, dati inicijali mladenaca i u kojem su izneti motivi koji su ga uslovili. Da bi se, navodno, venčao sa staricom, asistent je morao da se razvede sa ženom, a venčao se sa staricom da bi posle njene smrti zadržao kuću. Bilo kakav ugovor o doživotnoj brizi, nezi, o starateljstvu, o poklonu, bilo je nemoguće realizovati jer bi u svakom slučaju, prema zakonu, asistent morao da plati nasrednu taksu. Kao zakoniti muž gospođe Nikolić, u slučaju njene smrti, kuću bi zakonski zadržao. Stvar je pravno jasna.

»Lepotu tuđih tela ne upoznavati«, rekla je gospođa Nikolić posle venčanja, ispred kuće u Francuskoj 18, odmahnula rukom i ušla u kuću.

Zbunjen i uznemiren venčanjem, asistent je ostao na ulici. Na rečenicu koju je čuo nije ni obratio pažnju. Pogledao je levo, desno, pognuo glavu i pošao uz ulicu.

»Gde si do sada?« upitala ga je Nadežda, formalnopravno, njegova nezakonita žena, kad se u ponoć vratio kući. »Mogao si i da se javiš!« dodala je.

»S društvom u ‚Smederevu'«, promrmljao je i uvukao se u krevet.

»‚Smederevo' nedeljom ne radi«, primetila je.

Nije joj ništa odgovorio. Prvi put se okrenuo od nje — na drugu stranu. »Lepotu tuđih tela ne upoznavati!« setio se reči gospođe Nikolić. Šta je time htela? Upitao se. Telo, koža, meso, pomislio je. Ispod kože je meso, kosti. Pomakao se prema zidu. Što dalje od kuhinje. Krčka se, krčka, pomislio je. Kuhinjica, kuhinja! Ispod kože je meso, u mesu meso, krčka se, krčka.

Te noći asistent Gligorijević zaspao je kao beba, s palcem u ustima. Trzao se i na najmanji šum, ali palac iz usta nije ispuštao. Kad se sutradan probudio i okrenuo od zida, umesto Nadežde ugledao je srebrnastu kosu gospođe Nikolić, koja je, u dubokom snu, ravnomerno disala. Na noćnom stočiću, u čaši, spazio je njeno zubalo.

»Šta da ti pričam, burazeru. Ništa ti ne shvataš!« rekao je čoveku crvenog nosa, krivih nogu. »Tako, isto je bilo kad sam se vratio s posla. Umesto Nadežde na vratima me je dočekala Mme Nikolič! Pomislim ponekad«, dodao je, »da u mom životu Nadežda nije ni postojala, da sam oduvek grlio smežuranu kožu Mme Nikolič, osluškivao kako se ispod kože, u mesu, krčka. Krčka, krčka, krčka se, burazeru!« uzviknuo je. »Šta ti shvataš? Ti si skakavac! Gricnuću te, tikvane!«

»Ne sviraj«, uzvratio je čovek crvenog nosa i prišao prolazniku sa šeširom. »Gospodine!« obratio mu se. »Izašao sam iz bolnice, imate li deset hiljada? Nedostaje mi za autobus.«

PONOĆNA VOŽNJA

Kad je probudio Marielu, bila je prošla ponoć. Telefonirao je da mu otključa ulazna vrata u zgradu. Rekao joj je da se javlja iz Ruzveltove, da noćas neće više raditi i da će doći za dvadesetak minuta.

Okačio je slušalicu, gurnuo ruku u džep od pantalona da proveri ključeve od auta, mašio se za novčanik — sve je bilo tu. Napipao je kutiju s cigaretama, ramenom u poluokretu gurnuo vrata od govornice; gotovo naslonjenu, uz govornicu, ugledao je mlađu ženu.

»Izvolite!«, obratio joj se, pridržavajući vrata.

Prema svetlosti koja je dolazila od neonskih svetiljki, i iz duž grobljanskog zida nadžidžanih cvećara, zapazio je bledilo njenog lica. Bledilo joj se više isticalo pored neočešljanih, ili, bar, nemarno očešljanih uvojaka crne kose.

»Ne, hvala!« rekla je žena. »Nije mi potreban telefon. Ovo su Vaša kola?« upitala je, pokazavši automobil parkiran pored govornice.

»Da, u čemu je stvar?«

»Već pola sata čekam neki prevoz. Do sada niko nije naišao. Jeste li slobodni?« upitala je.

»Nisam više mislio da radim«, odgovorio je. »Ali, šta je, tu je. Izvolite!« rekao je.

Krenuli su prema autu. Svetlost je bila zelenkastožuta zbog cveća i venaca po izlozima i unutrašnjosti cvećara. Izbliza, svetlost je još više isticala njeno bledilo. Nije se prevario. Primetio je da ima crnu haljinu, staromodnog kroja, šešir širokog oboda, cipele onakve kakve je kao dečak nalazio na tavanu roditeljskog doma. Nije trebalo da pristane, pomislio je taksista. Zakasniće kod Mariele. Čudna neka žena. Njena odeća? Iznenada se pojavila. Nikog nije bilo kad je prišao govornici, a opet? Nafrakana. Guska!

Ušli su u kola. Žena je sela pozadi. »Prvo do Gradske bolnice! Reći ću Vam kuda dalje!« rekla je glasom koji nije bio ni nalik glasu od pre dva-tri minuta. Onaj je bio zvonkiji, srdačniji, vedriji. Ovaj?

Nije trebalo da je primi. Umoran je. U glavi mu je mutno. Pospan je, otupeo od umora. Kad već nije otišao kod Mariele, zašto se nije vratio u »Žagubicu«, kod Vuka, društvo se sigurno još nije razišlo. Nije morao da se javlja ni Marieli, mogao je, jednostavno, da ode kući.

»Cigaretu?« upitao je čim su krenuli. »Hvala, ne pušim!« rekla je žena glasom koji kao da je hteo da stavi do znanja da je svaka njegova reč suvišna.

Poluokrenut, dok ju je nudio cigaretom, taksista je primetio da se strana kola na kojoj je sedela iskosila. U prvi mah pomislio je da je to slučajno, da mu se učinilo, da ga je prevario neravan teren. Pogledao je bolje. Deo sedišta na kojem je sedela odista je bio nenormalno nagnut. Žena je bila gotovo do kukova utonula. Suprotni deo sedišta neobično se podigao.

Zaboravio je na cigaretu, izgubio želju za pušenjem. Ruka kao da mu se odvikla od ustaljenog pokreta. Osetio je da malaksava i, kao da više nije njegova, kao da je to bila ruka drugog, za njega tuđeg, čoveka. Prebacio je sebi zašto je sve ovo dozvolio. To bledo lice, otečeno, naduveno! Ta čudno skrojena žena; glomazna, teška, utonula u zadnje sedište. Odbacio je sumnju. Umoran je, premoren, zaključio je.

»Nisam Vam se zahvalila što ste pristali da me vozite«, obratila mu se žena. »Imala sam utisak da sam Vas omela u nekoj obavezi?« upitala je.

»Mislio sam da je bilo dosta za danas. Ali, šta je, tu je; takav mi je posao!« odgovorio je.

»Zaustavili ste kola malo u neobično vreme. Zašto baš tu, kod te govornice? Nekome ste telefonirali?« upitala je.

»Da, i sami ste videli!«

»Obično se u ovo doba ne telefonira iz javnih govornica«, procedila je šuštavim glasom.

»Okrenuo sam tačno vreme. Stao mi sat. Treba da sačekam jednog kolegu, pa ...«

»Zakazali ste sastanak u malo neobično vreme«, primetila je. »Zaustavite onde i sačekajte«, rekla je, pokazujući parking preko puta kojeg se nalazi krst koji označava kraj grobljanskog zida i početak bolničke ograde od živice.

Nije čekao da mu žena dva puta ponovi. Zaustavio je kola, okrenuo se da otvori vrata. Jedva da je i ruku pružio, a žena je već izašla iz kola i hitro, uprkos težini, odskakutala na suprotnu stranu ulice.

Bolje što joj ništa nije odgovorio, pomislio je taksista. Čudna neka žena. Nešto metalno iz nje, ledeno. Slagao, pa šta? Uz sve, ona je i drska. Nek drugom drži lekciju. »Šta ona meni tu ...«, pomislio je. Neće je čekati, zaključio je i s dva prsta povukao ručku od zadnjih vrata.

Vrata na koja je žena izašla nisu se ni za dlaku pomerila. Pomislio je kako mu se ovo ranije nikad nije desilo, pridigao se iz sedišta, rukom obuhvatio kvaku. Vrata su ostala poluotvorena. Povukao je jače. Ništa. Odlučio da vozi sa poluotvorenim vratima. Pritisnuo kuplung, ubacio u brzinu. Začulo se samo krcanje zupčanika. Pokušao je ponovo. Opet ništa. Osetio je kako ga obliva znoj. Dohvatio je menjač s obe ruke. Uzalud. Niz kičmu mu je prošlo nešto ledelo, slabine i kolena zadrhtali.

Pokušao je da otvori prednja leva vrata. Nije mu pošlo za rukom. Počeo je da pipa oko sebe, da traži neki čvrst predmet oko nogu, pored i iza sedišta. Ni ovoga puta nije bio bolje sreće. Setio se kasete, otvorio; osim pucvalta, gume i lepka, ništa drugo nije našao. Nije bilo čak ni odvrtke koja je uvek bila tu. Setio se zadnjih, već otvorenih, vrata; svalio na zadnje sedište, nastojao da se provuče. Glava mu je bila šira od širine otvora. Okrenuo se na bok, skupio nogu. Kad se spremao da napravi odlučan trzaj, začuo je šum. Pridigao se. Pored kola stajala je *ona.*

»Imate nekih problema? Mogu li da pomognem«, upitala je.

»Ne, ne, samo pokušavam da zatvorim vrata, koja su se, izgleda, zaglavila.

»Vrata?« reče žena i širom ih otvori lakim pokretom ruke.

Sada je mogao da izađe, ali, ona je bila tu. Iako sva podnadula, kretala se veoma lako, zadivljujućom hitrinom, gotovo lebdeći nad zemljom. Nije imao kud, morao je natrag, u kola, za volan.

Žena je sada bila obučena u belu dekoltovanu haljinu koja se vukla po zemlji. Na glavi je imala beli šešir sa čijeg je oboda visila ogromna lisičja repina. Lice joj je, mada i dalje belo kao kreč, dobilo neki drugačiji izraz. Koža na njemu nije bila onako glatka, prozirna i zategnuta. Visila je mlitavo i opušteno. Bila je mekana i presvučena sitnim, sitnim mehurićima platinastog sjaja.

»Vozićete ponovo preko Grobljanske u Čubursku«, naredila je. »Reći ću Vam gde da stanete!«

Osetio je neki čudan miris koji, dok je vozio ovamo, prema bolnici, nije primetio. Žena je mirisala na ustajalost. Bio je to sladunjavi miris, stezao je grlo, štipao oči, golicao nozdrve, miris buđi i plesni.

Opet ga je obuzela pospanost. Tupo zagledan preda se, nije ni primetio kad je pokrenuo kola. Omamljen, ni o čemu više nije razmišljao, ništa snovao, ništa sebi zamerao. Nije se upitao da telefonirajući nije okrenuo pogrešan broj. Motao je volan levo-desno, a da pri tom nije učinio ni najmanji pokret telom. Telo mu je bilo ukočeno, pomerao je jedino ruke.

Zagledan napred, gotovo da nije čuo ženinu priču o presvlačenju. Razabirao je tek toliko da je pošla na nekakav bal. Jedva da su mu do svesti doprla i njena ponovna iščuđavanja zbog njegovog telefoniranja. Na sve, više je promrmljao za sebe nego što je odgovorio da voli da telefonira, da mu je to navika, da pri tom ne bira mesta.

»Prva levo, pa opet levo, pa desno!« opomenula ga je žena. »Na kraju ulice nalazi se jedna kuća...«

Učinio je kao što je rekla. Skrenuo je iz Čuburske u prvu levo, pa opet u levu i našao se u ulici u kojoj do tada nikada-nije bio. Vozio je sredinom improvizovanog parka, pored drvoreda nanizanih duž trotoara, pustom i mračnom ulicom. Videlo se to po farovima koji kao da su je jedini osvetljavali. Žmirkavo svetlo uličnih svetiljki nije moglo da razbije tamu koju je stvaralo drveće. Celom dužinom ulice stabla su bila tako snažna, tako bujna, da su im se grane isprepletale i nad njom i duž nje. Pospan i odsutan, ivičnjake jedva da je i nazirao. Ti drvoredi, te sklopljene grane — ličili su mu na paukove mreže...

Zaustavio je ispred dvospratne, mračne kuće. Bila je to kuća na samom kraju ulice, opasana metalnom ogradom, sa poluotvorenom kapijom, koja se, tek što je stao, sa škripom i lagano otvorila.

Žena mu je dala znak da produži, pokazala da parkira nedaleko od mračnog stepeništa, naredila da ugasi motor. Postupio je kao što je naredila, ćutao i čekao. Ćutala je i *ona*. Čuo je kako se kapija sa istom škripom lagano zatvara. U jednom trenutku oglasio se ćuk, a zatim, iz obližnjeg žbunja jarac.

Ubrzo, kad je crvenkasto-zelenkasta svetlost pala na kola, jarac se pojavio pored kola. Taksista je ugledao belu siluetu jarca kako prilazi kolima, uspravlja se na zadnje noge, desnim papkom pritiska kvaku zadnjih vrata.

Kad su se vrata otvorila, zameketao je, poskočio i počeo da cupka. U trenu, iz kola je izašla žena, uhvatila se za njegove prednje papke i nastavila u istom ritmu prema stepeništu. Došli su do sredine stepeništa, uspeli se uz njega i nestali iza teških hrastovih vrata. Gotovo istovremeno, noćnu tišinu prolomio je zvuk fanfara. Začuo se pljesak, klicanje, a na vratima se pomolio ogromni žuti pas i legao na prag.

Taksista je izašao iz kola i krenuo prema kući, vođen onim istim mirisom raspadanja, koji se ovde gotovo svuda osećao. Omamljen, doteturao se do stepeništa. Kao kroz maglu, ugledao je kako je otegnuta psina, isplažene jezičine, dašćući otvorila jedno oko, zagledala se u njega. Nešto ga je izdiglo i ponelo prema vratima. Jedino što je još uspeo da razazna bili su početni taktovi muzike za igru.

Našli su ga vodoinstalateri Gradskog stambenog, četiri dana kasnije, kad su otvorili šaht na uglu Gospodar Jevremove i Francuske, da bi promenili vodovodnu cev koja je tu bila prsla. Plivao je površinom vode koja je klokotala. U kosi, na koži lica i ruku, bili su mu se uhvatili puževi i pijavice. U uglu šahta virila je iz vode jedna žaba, a kroz vodu lebdeo je šešir sa lisičjim repom.

Prema zvaničnom saopštenju SUP-a, taksista je poslednji put viđen 21. 9. 1976. u »Žagubici« oko 21 čas. Utvrđeno je da se slučaj desio u noći između 21. i 22. 9. 1976, ali nije utvrđeno gde se desio, niti je do kraja rekonstruisano kako se desio. Utvrđeno je da se ubistvo desilo ženskom najlon-čarapom, davljenjem, da mu je prethodila upotreba spreja za uspavljivanje, ali nije utvrđeno da li je u njemu bilo saučesnika, zašto je delo izvršeno, ko je izvršilac. Od osam zlatnih pravila kriminalistike, SUP je odgovorio na tri problema. Ukoliko čitalac dođe do nekog podatka koji bi pomogao rasvetljavanju slučaja, bilo bi poželjno da isti javi odgovornoj službi. U međuvremenu, ne bi bilo dobro da posle ponoći telefonira iz javnih govornica, pogotovu ne iz govornice iz koje je telefonirao taksista.

KRISTINA

Predragu Dragiću Kijuku

Prošlo je već bilo tri sata, kad je na vrata kabineta profesora antropologije, doktora Gavrila Grčića, koji je upravo dovršavao senčenje posteriorne sfere mozga šimpanza, zakucao nastojnik zgrade.

»Šta hoće? Što me ne ostave na miru?« procedio je profesor, ustao iza stola i, pored postolja sa kosturima, mimo vitrine sa zbirkom lobanja i police s knjigama, krenuo prema vratima.

Čim je otvorio vrata, nastojnik mu je u ruku, bez reči, tutnuo pismo i šmugnuo niz stepenice. Profesor Grčić je pogledao za nastojnikom, strpao pismo u džep od sakoa, zatvorio vrata i došao do police s knjigama u kojoj su, pored raznih biltena, bile medicinske enciklopedije, leksikoni, rečnici.

»Zaista!« promrmljao je. »Zaista se novi život rađa iz lešine ranijeg života!« rekao je i iz police uzeo knjigu K. Sallera *Leitfaden der Antropologie*, knjige J. G. Crowa *Beleške iz genetike*, J. Kime *Cytologie*, zbornik *Антропология*.

»Da li postoji živa tvar izvan živog organizma?« zapisao je na poleđini svog nedovršenog rada *O neuništivosti ljudske tvari*, čim je prišao radnom stolu. »Čovek!« rekao je. »Čovek!« ponovio je tiše, uzeo tašnu, u nju stavio rad, knjige i dohvatio mantil.

Pred vratima kabineta, pre nego što je ključ stavio u bravu, pogledao je prema stolu — prema vitrini, polici; pogledao je prema zidu na kojem su visili portreti Karla Linnéa, Jeana Lamarcha, Augusta Weissmanna, Theodora Schwanna. »Sveukupna materija poseduje potencijalni život«, procedio je kroz zube, žmirnuo prema portretima i izašao.

✳

✳   ✳

Profesor Grčić se kući dovezao tramvajem. Tek kad se presvukao i legao na krevet, setio se pisma. Znatiželjno je ustao, iz sakoa izvukao koverat i, pre nego što je ponovo legao na krevet, počeo da ga otvara.

»U Gospodu mi mili Gavrilo«, počinjalo je pismo. »Srce mi ne prestade za tobom da uzdiše. Od onog dana ne nađoh sna, ni pokoja, niti srcu mira. Čekah, čeznuh, nadah se i jednako uzdisah za tobom.

Lešinari svud letahu, ljubljeni mi Gavrilo, svud pogub i piska čujaše se. Iznad grada vešala jednako ljuljahu se. Na trgu ležahu muži i starci, naduti, oprljeni ognjem. Uzeti inoci lupahu u zvona, dok gamzije u polje, pod šatore, odvođahu žene, gde ih obležavahu ...

Moj otac i mati mi pobegoše, u zoru, pre poguba. Brat ne izbeže, njega mi s najviše kule baciše; a mene, avaj, poruga, pogub, ne stiže! Ti me Gavrilo u kućnom vajatu ukri, ostavi. I ne nađoše me, zacelo, uistinu, ne nađoše. Al', ti mi ne dođe, kako mi srcu obreče ... Čekah dan, čekah noć, čekah sutradan i drugi i treći dan čekah, al' ne dođe. U šta se premete? Četvrtog dana ne mogah. Hleba ne beše, vode ne imade. Kroz grad poharan, pust, od silnog smrada i jed lijući, gradu kapiju minuh i k stricu u Ribnicu dođoh. I tu te čekah, i tu prebivah, za godinu se na-

92

dah. A, onda, ne dočekavši te k Domu Božjem priđoh, u dvore se mirisne uselih...«

Iza poslednjih reči rukopis se nije mogao razaznati. Sledio je deo teksta, koji, kao da je bio izbrisan. Na dnu lista, međutim, štampanim slovima bilo je ispisano:

»Na dva konaka od tebe, kazuju, Ravnik Dom se kaže, blagujem, tihujem, i tebe da priđeš čekam. Ljubljeni mi Gavrilo, na čelo, u očice i usne, primi celov od, dok me zemlja ne primi, Kristine.«

»Zbija šalu«, pomisli. »Šala je gruba«, reče i ponovo se zagleda u pismo.

»Rukopis je njen«, zaključi. »Papir je tvrd, star. Nešto nije u redu!« promrmlja.

»Možda je htela da me opomene? Možda je htela da pogledam malo oko sebe? Šta je zapravo htela?« upita se.

Kristina je oduvek smatrala da on treba da radi neki drugi posao, da treba da se bavi pametnijim stvarima. Ona je oduvek gajila prezir prema zbirkama kostura, lobanja, prema knjigama, kabinetima...

I u ovom trenutku mu se pričinila. Svetlucnula je pred njegovim očima. Nije mu se ukazala likom stvarnim. Setio se samo njenih obrisa, kontura njenog tela, koje je bilo negde tu, iza njega, iza njegovog potiljka. Pomislio je da nije ni živeo sa njom.

Ona nikako nije mogla da razume njegovu opsednutost pitanjem da li su virusi živa bića ili nežive tvari. Smejala se kad joj je pokazao crteže koji prikazuju razlike u profilu lobanje pitekantropa, neandertalca i savremenog čoveka. Ona nije shvatala njegovu opsednutost različitim oblicima života, zapustelim zemljama, vremenima dalekim, mutnim, vremenima kad narodi ginu, kad za njima ostaje pustoš, jad, kuga, pohara. Do nje nisu dopirale njegove priče o bogaljima, povorkama gubavaca...

»Zašto u pismu govori o kugi, o povorkama... Šta to treba da znači?« upitao se, odložio pismo, ustao i krenuo ka terasi.

Spolja je dopirao miris vlažnog vazduha i natrulog lišća koje je ležalo pod stablima platana, na polegloj travi. Profesor izađe na terasu. Zametnuvši glavu unazad, zatvori oči i duboko udahnu. Udahnu još jednom, zevnu, otvori oči. Oslonivši se laktovima o ogradu terase, pogleda preko vrhova platana, preko kućnih krovova, prema nebeskom svodu. »Kako smo niski umom«, pomisli. »Čekah te dan, čekah te noć...« seti se.

Vrati se u sobu. Sa kreveta podiže pismo. Zagleda se u deo koji je bio izbrisan. Ništa se nije moglo razaznati. Dođe do stola, uključi stonu lampu, podmetnu papir. Uzalud. Razabirao je tek poneko slovo. Opipa papir. Ništa određeno, nikakav zaključak nije mogao da donese.

»Sutra«, reče i odloži pismo odlučivši da ga ujutro odnese u Narodni muzej, u Odeljenje za konzerviranje i datiranje rukopisa.

Večeras nije imao želju da radi. Tašnu sa knjigama nije ni otvorio. Večeras nije imao želju da pere zube, da se umiva. Oprao je jedino ruke, vratio se u sobu, svukao i legao.

Nije mogao da shvati zašto mu izmiče. Zašto se pojavi pa se ospe, raziđe? Zašto od njenog lika ne ostaje ništa? Nije mogao da shvati da se njihov odnos sveo na nekoliko bledih i bezobličnih slika.

Ležeći omamljen, u polusnu, na trenutke, bio je spreman da njeno pismo tumači kao njenu želju da opet budu zajedno. Ali ubrzo je shvatio da je to uobrazilja i da su se razišli jednom zasvagda.

Pokušao je da ne misli ni na šta. Legao je na bok, skupio noge. Uzalud! Prevrnuo se na leđa. Ništa!

Dokle god mu je pogled dopirao, prostirala se nepregledna livada. Oko njega lebdele su mace, padale su mu na nos, usne, za vrat. Nadletao ga je roj leptira. Leptiri su kovitlali uokolo, lepetali krilima, padali na travu i pretvarali se u cvetove.

Začula se graja, začuo se žagor. Poljem, njemu u susret, mašući rukama, trčale su devojčice. Na glavama su imale leptire, u rukama vence opletene od poljskog cveća. Prilazile su mu, izmicale, poskakivale, lebdele nad livadom, padale na kolena, okolo njega pravile krug.

Jedna dovojčica je ostala u krugu. Prišao joj je, uzeo je za ruku, podigao u naručje, poneo prema jednom natrulom panju. Krug se širio. Devojčice su mašući vencima uzmicale ...

Seo je na panj, devojčicu stavio u krilo. Za trenutak je zastao, a onda se sa njom svalio pored panja. Devojčica je vrisnula, mace su se uskovitlale, leptiri prhnuli. »Ja sam četvrto dete. U porodici su oduvek želeli da budem devojčica...« grcao je profesor Grčić.

*
* *

Sutradan, Gavrilo Grčić nije po običaju krenuo u Antropološki institut. Umesto u svoj kabinet, zaputio se u Narodni muzej.

»Tačno pre dve godine, možda baš na današnji dan 1972, poslednji put ste nas udostojili posete!« rekao mu je na ulazu u Muzej Upravnik i potapšao ga po ramenu.

»Čemu da zahvalimo što ste nas posetili?« upitao ga je Kustos u prostranoj muzejskoj auli.

Profesor Grčić se i pri prvom i pri drugom susretu s naporom smeškao. Nastojao je da održi dobroćudan izraz lica. Intimno, bio je svestan da ni jedan od ova dva susreta nije želeo. Ipak, i Upravniku i Kustosu obećao je da će ih posetiti još u toku dana, čim u Odeljenju za datiranje i konzerviranje pogledaju rukopis koji je doneo.

Pognute glave, u ruci stiskajući pismo, zaputio se hodnikom. Sišao je u podrumsku aulu, u Odeljenje za prijem i razmenu muzejskih eksponata; između sanduka, dasaka, vitrina krenuo je prema Odeljenju za datiranje i konzerviranje rukopisa.

»Ovde je!« obratio mu se čovek u kožnoj jakni, pokazavši prstom sanduk na kojem je pisalo: ARHIV GRADSKE VEĆNICE — RIBNICA.

»Molim?!« trgnuvši se, upitao je profesor.

»Ovde je!« ponovio je čovek. »Vama treba da predam prispelu robu?«

»Greška!« uzvratio je profesor i, zadrhtavši čitavim telom, prošao pored čoveka u kožnoj jakni.

Otvarajući vrata na kojima je pisalo ODELJENJE ZA KONZERVIRANJE I DATIRANJE STARINA, shvatio je da mu se unutrašnja strana šake oznojila. »Ribnica?« šapnuo je.

Zatvorivši vrata, prišao je ćelavom čoveku, čije su ruke, nežne i meke kao u devojčice, lebdele nad rukopisom.

»Molim vas, hoćete li da mi pročitate nešto?« upitao je profesor.

Ćelavko je odmahnuo rukom i, ne dižući pogled sa mikroskopa, palcem pokazao na vižljastog čoveka, iza sebe.

96

»Ništa! Ne može. Radimo za Centralni arhiv... Za sat, dva, možda...« rekao je vižljasti pre nego što mu se profesor i obratio.

Profesor Grčić je pogledao prema ćelavku, prema vižljastom, zastao i, tek posle nekoliko trenutaka, neodlučno pošao prema vratima. Iz Muzeja je izašao na sporedni izlaz. Sve do podne lutao je iz ulice u ulicu, razgledao izloge, u dečjem vrtiću posmatrao igru dečaka i devojčica, na uglu Masarikove i Mišarske, u restoranu »Tri lipe« pio čaj, čitao pismo, posmatrao ga, pipao, mirisao.

Tačno u podne, pojavio se u Odeljenju za konzerviranje i datiranje. Okupljene oko sanduka, nagnute nad njega, video je ćelavka, vižljastog i Upravnika, koji je u ruci držao lupu. Na bočnoj strani sanduka primetio je etiketu: MANASTIR RAVNIK — PEPELNICA. Neodlučno je prišao.

U sanduku se ukazao ljudski kostur. Leva butna kost bila mu je slomljena, kosti šaka i stopala rasute po dnu sanduka. Na grudnoj kosti kostura blistala je metalna ploča, lancem vezana za vratne pršljenove.

Profesor Grčić je pružio ruku, dodirnuo ploču. ꙗꙁ Ꙁ҇Р̅Т̅Н̅Ꙗ bile su početne reči teksta koji je bio utisnut u ploču.

»Kristina!« uzviknuo je.

ŠETNJA, ŽITO, FOTOGRAFIJA

Tankosava Milošević, trideset trogodišnja žena, izvela je jednog jesenjeg popodneva svog sina, petogodišnjeg dečaka, u šetnju. Dan je bio prijatan, pravo miholjsko leto. »Za dinar«, čula je u prolazu, od jednog penzionera, »mogao si pre rata da kupiš benzin na bilo kojoj pumpi u Americi...« Seli su na klupu ispred »Poslednje šanse«, prošetali parkom, ušli u Crkvu svetog Marka.

U crkvi, dok je palila sveće, dečak joj se držao za suknju, preko ramena gledao u ikonostas. »Mama, hladno mi je«, rekao je čim je zapalila prvu sveću za žive.

»Sad ćemo!« uzvratila je žena, pokušavajući da zapali treću sveću.

»Hajdemo! Hladno mi je!« insistirao je dečak. Usne su mu bile pomodrele, koža se naježila, drhtao je celim telom.

Kad su izašli iz crkve dečak je povratio živahnost. »Ovde je toplije«, rekao je čim su stigli u luna-park. Prestao je da drhti, usne su mu dobile prirodnu boju. Posle desetak minuta zaboravio je i da su ulazili u crkvu. Skakutao je po luna-parku, vrteo se na ringišpilu, vozio čamac, raketu, odlazio po žetone. Posle tri vožnje autodromom poželeo je i četvrtu.

»Za danas je dosta«, rekla je žena. »Hajdemo kući! Treba uz put nešto i da kupimo.«

»Kući?« upitao je.

»Da, kući! Za danas je dosta!« ponovila je.

»Neću kući!« usprotivio se dečak.

»Vidi ti njega«, uzviknula je žena. »Neće kući!«

»A gde je tvoja kuća?« upitao je.

»Nenade, nemoj da se praviš lud! Polazi!« naredila je žena i krenula ka »Maderi«. Dečak je pošao nekoliko koraka, stao, opustio ruke niz telo, pognuo glavu i, gledajući pred sebe, procedio: »Ali, ja ne stanujem tamo«.

»Pazi, bogati, a gde stanuješ?« upitala je.

»U Majke Jevrosime«, stidljivo je odgovorio.

»Otmeno, nema šta!« primetila je. »Kakva čast!« uzviknula je.

Dečak je i dalje stajao u istom položaju. Potpuno se raspustio, pomislila je žena; postao je nesnosan, razmažen, kakav će tek da bude kad poodraste? A, mora strože. Neće više izvoditi. Drukčije će od sada. Odlučila je. Šta smera? Pitala se.

»Pa dobro, hoćeš li da me povedeš kod sebe?« rekla je.

Dečak je podigao pogled, pogledao prema ženi, oborio pogled i, ukočen, držeći ruke uz telo, pognute glave, okrenuo se.

»Hajde!« insistirala je žena.

Dečak je zakoračio, stao, stajao nekoliko trenutaka, kao da se kolebao, krenuo. Posle tri-četiri koraka ispravio je glavu. Nije gledao ni levo ni desno, gledao je pred sebe. Žena je išla pored njega. Trudila se da prikrije nezadovoljstvo, srdžbe. Želela je pošto-poto da vidi dokle može da ide dečja razmaženost, bezobrazluk. Ćutala je. Ćutao je i dečak.

Prošli su pored Pošte, prešli na suprotnu stranu ulice, prošli pored Skupštine, došli na početak Majke Jevrosime. »Kad prelaziš ulicu«, procedila je žena, »mogao bi da pogledaš levo-desno, da se osvrneš!« Dečak nije odgovorio, išao je nogu pred nogu, odmereno, zureći negde u daljinu, kao da pored njega i oko njega ne postoji ništa, ni prolaznici, ni automobili, ni kuće. »Stigli smo!« rekao je kad su došli do barokne dvospratne kuće. »Ja ću napred!« uzviknuo je i, kao da se prenuo iz sna, skakućući s noge na nogu, došao do ulaznih vrata u kuću.

Žena je zastala. Zbunila se na trenutak. Kad se pribrala, dečak je, u trenu otvorivši vrata, već bio ušao u prostrano predsoblje.

»Nenade!« uzviknula je. »Kuda ćeš?« i, zajapurena u licu, odlučno pošla prema dečaku.

Dečak se nasmešio, mahnuo rukom, odskakutao uz stepenište i šmugnuo u prva vrata na spratu. Žena je potrčala, došla do vrata na spratu, zastala; premestila se s noge na nogu, nakašljala, osvrnula oko sebe i odlučno mašila za kvaku.

Nasred sobe ugledala je sto, za stolom ženu s kosom na lokne, mlađeg čoveka, stariju ženu i starijeg gospodina. Na stolu je gorela sveća, u činiji je bilo žito, a pored sveće fotografija sa crnim florom u uglu. »Oprostite«, rekla je. »Dete mi se otrglo iz ruku, ušlo u Vašu kuću«, promucala je.

»Dete?« upitala je žena s kosom na lokne.

»Da, maločas!« potvrdila je.

»Gospode, svašta!« rekla je starija gospođa.

Tankosava Milošević zaustila je nešto da kaže, ali joj je glas zastao u grlu, zenice se širom otvorile kad je pogledala u sliku s crnim florom.

»To je, on je to, moj Nenad«, promucala je.

»Šta kažete?« umešao se stariji gospodin.

»Moj Nenad, njegova slika ovde, sad je ušao«, promucala je.

»Gospođo, to je moj unuk«, rekao je stariji gospodin.

»Ista kosa, nos«, dodala je žena pošto je sa stola podigla fotografiju.

»Branko, zovi hitnu pomoć! Drugarici je pozlilo«, obratila se žena s kosom na lokne mlađem čoveku.

»Sedite«, rekao je stariji gospodin prinoseći joj stolicu. »Moj unuk je umro pre pet godina, na današnji dan. Dajemo mu pomen ... Silvija, zete, dajte vode!« rekao je.

Rominjala je sitna kiša. Šljapkajući po raskvašenom tlu, na kraju pogrebne povorke, išla su dva muškarca. Prvi je imao prosedu kosu i bio ogrnut mantilom, a drugi — mlađi, pelerinom za kišu. Prešli su preko lipovačkog druma, krivudavom stazom izbili na proplanak iza kojeg se nalazi Lipovačko groblje.

»Kolega Kecmanoviću, pogledajte!« rekao je stariji. »Nebo se procepilo.«

»Neverovatno!« uzvratio je mlađi.

Kiša je rominjala, a nasred neba plaveo se kvadrat uokviren oblacima. Sunčeve zrake probijale su se kroz kvadrat gradeći živopisne spektre.

»Da čovek ne poveruje!« uzviknuo je stariji. »Ovo me podseća na ogledalo od kojeg se sve do smrti nije odvajala.«

»Tačno, kad god sam dolazio da je obiđem, nalazio sam je ispred ogledala«, uzvratio je mlađi.

»Kažu da su je našli pored ogledala, u naslonjači«, rekao je stariji.

»Zagonetno se smeškala«, dodao je mlađi.

»Kad sam je prvi put posetio, nisam mogao sebi da dođem. U školi sam poznavao jednu Melaniju, a video sam drugu«, primetio je stariji.

»Ne mogu da se pohvalim da sam na njoj zapazio neku promenu«, rekao je mlađi.

»Možda je bilo obrnuto?«

»Sve je moguće«, zaključio je stariji. Poput zverke kad oseti da gubi životne moći, kao i zver kad se razboli i nađe sebi leglo, sakrije se u svoju jazbinu, ostane u njoj dok ne prezdravi ili ne ugine, tako se i Melanija Popović, profesor latinskog u penziji, čim je osetila da gubi životnu snagu, povukla u svoj letnjikovac u Lipovačkoj šumi. Sinu je ostavila kuću u Profesorskoj koloniji, ćerkama nameštaj. Razdelila je stolove za pisanje, noćne stočiće, pokretne stolove, stolove za piće, za igru dama, za vez, pletenje, ručavanje. Razdelila im je stolove sa jednom i više nogu, ormane, bifea iz jednog i dva dela, komode, ugaone komode, police, ugaone police, krevet iz jednog i dva dela — nameštaj iz osamnaestog veka koji je godinama skupljala.

Biblioteku je poklonila najstarijoj unuki i, povodom praznika Svetog Hristovog Vaskrsenja, u toku Velike nedelje, u Hramu Arhangela Gavrila u Zemunu, od 6. do 14. aprila 1985, redovno odlazila na sveta bogosluženja. Prisustvovala je svetoj liturgiji na Lazarevu subotu, a na litiju oko Hrama vodila najmlađeg unuka. Praznovala je Blagovesti i išla na Bdenje, gde je čitano dvanaest Jevanđelja o stradanju Gospoda Isusa Hrista. Na Veliki petak pridržavala se strogog posta, u 8 časova prisustvovala Carskim časovima. u 15 Večernji sa iznošenjem Plaštanice, u 17 povečerju sa Plačem Matere Božje, u 20 jutrenju, opelu, sahrani i čuvanju Hristovog groba. Na Veliku subotu, 13. aprila, prisustvovala je svetoj liturgiji, a noću Svetom Vaskrsenju.

Na prvi dan Uskrsa, posle svete liturgije, posetila je muževljev grob na Novom groblju, zapalila mu sveću, položila cveće, vratila se u Profesorsku koloniju. Po njenoj volji, uskršnjem ručku prisustvovala je cela porodica. Na kraju ručka, oprostila se s ćerkama, snajom, zetovima i unucima, saopštila da bez preke potrebe ne dolaze k njoj, sinu rekla da u kola stavi pletenu naslonjaču, uzela barokno ogledalo, sela u kola, mahnula porodici, kiselo se nasmešila i naredila da je odveze u letnjikovac.

Čim je ostala sama, namestila je naslonjaču pod lipu pred letnjikovcem. U visini lica, kad sedi u naslonjači, u deblo je ukucala sa svih strana eksere, okačila ogledalo. Kako je dan napredovao i bližio se kraju tako se i ona pomerala, premeštala ogledalo s eksera na ekser, sve dok i poslednja večernja rumen tinja na nebu. Posmatrala je u ogledalu drveće, gledala pticu kad proleti, podešavala ga tako da što veći prostor zahvati.

Kad je u ogledalu spazila bubamaru kako gricka laticu različka rekla je:

»Kako se uznela umom!«

a kad je ugledala skakavca, dok je udno tisovog stabla ispredao jednoličnu pesmu, promrmljala je:

»Pruži ruku iznad egipatske zemlje da navale skakavci na egipatsku zemlju i pojedu sve bilje što još ostade posle tuče.«

Posmatrala je pčelu kako preleće s cveta na cvet. »Ugledajte se na razboritost pčela« — setila se izreke i uzdržano se nasmešila.

Katkad je ogledalo prinosila licu, pomerala glavu, podešavala ogledalo, promatrala koru obližnjeg drveta, gledala kako se smola sliva niz deblo bora, kako puž vuče za sobom sluzavi trag, posmatrala kap rose dok svetluca na listu, pokušavala da prati leptirov let.

U podne, kad sunce najviše odskoči i kad najjasnije obasja šumarak iza kojeg se nalazi Lipovačko groblje, ustajala je, ulazila u kuću da pojede zalogaj-dva, popije čaj. Vraćala bi se, potom, pod lipu da čeka sumrak, da u ogledalo hvata poslednje sunčeve odsjaje, večernju rumen i — dok se iz gaja kikoće svraka i čuju zrikavci, a ćuk se oglašava s drveta — slepe miševe što krilima šušte, propinju se, spuštaju, vrludaju uokolo.

Jednoga dana, tačno u podne, nije ustala. Kad je ogledalo okrenula ka šumarku, opuštene obraze razvukla je u osmeh. Njene tople sive oči ugledale su kolonu mrava. Usred ogledala presijavala se ledena kocka uokvirena oblacima. U uglovima ogledala rominjala je kiša, a sunčeve zrake gradile su živi spektar boja.

NESAN

Jelisaveta Knežević, kostimograf Ateljea 212 ostala je sama u kući. Uoči Uskrsa muž joj je otputovao na Svetu Goru, u Hilandar. Pošto je ispratila supruga, istresla je posteljinu i ćebad; iznela na terasu suknje i bluze, košulje, haljine i mantile, kapute i sakoe; istresla i izbrisala četiri tašne; počistila kuću; počistila pred vratima; odnela korpu s otpacima, vratila se i oprala je; oprala tri svilena šala, belu bluzu i čarape; izbrisala kupatilo i umila se. Pošto se umila, osetila je laku drhtavicu, a kad se uveče vratila iz pozorišta i legla — malaksalost, groznicu.

Zaspala je pod temperaturom, u znoju. Sanjala je da nije u Ulici kralja Milutina 42 već u Koraćici; u sobi s zemljanim podom, s prozorčetom, ognjištem, ormanom, ležajem; u sobi koja je, kad odu na vikend, služila za dnevni boravak. U selu su lajali psi, vatra u ognjištu je pucketala. Ispod kuće, drumom, čula se pesma.

Kroz pseći lavež začula je korake, zaškripala su vrata na sobi. Na vratima je stajao *on* — njen suprug. Vratio se. Kako, otkud? Upitala se. Pogledao je prema postelji u kojoj je ležala, prema ognjištu i vratio se u hodnik. Prepoznaje mu korak, odzvanja u kuhinji. Trebalo je već da bude na Bdenju, u Hilandaru. Otkud se stvorio? Zašto mu je lice hladno, bezizrazno? Postelja joj je vlažna od znoja. Koža... Osetila je nelagodnost. Želela je da ustane, da uzme peškir i umije se — da spere znoj, zadah, prljavštinu.

U trenutku kad je ustala, noge su joj klecale, srce lupalo. Kad je iz ormana uzela peškir drhtala je celim telom, strah ju je prožeo, obuhvatio.

Izašla je iz kuće i pošla ka bunaru, koji se nalazio na dvadesetak koraka od kuće. Kad je došla do bunara, pored kojeg je raslo šiblje, a nad kojim su se nadvile grane jasena, strah joj je paralisao svaki pokret. Uvukla je glavu u ramena, nešto strano, nesvakidašnje, teško i hladno, osetila je. Pritiskalo je. Osećala je kako joj nešto iznutra, neka ruka, šta li, steže pluća, gnječi. »Ljudi, šta to radite?« začula je metalni glas.

Tresući se telom, s naporom je odložila peškir, na ogradu od bunara, da se umije. Ono iznutra, isprva metalno i teško, bivalo je lagano, lako kao golubije perce, u početku joj stezalo pluća, vuklo ruku, a potom je golicalo, siktavo se smejalo, kikotalo, poskakivalo.

Dok joj je pred očima svetlucalo, u ušima zujalo, ne zna ni kako ni zašto, odlomila je grančicu, odlomila drugu, ukrstila. Zujanje u ušima je prestalo. Pred njom, na dasci prikovanoj na četiri nogare ukopana u zemlju, u kofi, presijavala se voda. Udahnula je duboko. Držeći još uvek u desnoj ruci grančice, levom je u šaku zahvatila vode. Odmerenim pokretom, bez većeg napora, navlažila je čelo, prešla preko očiju, potiljka.

Kad se vratila u sobu i prišla krevetu da popravi prekrivače, da ih zategne, ugledala je svilenkaste jastučiće — ljubičaste, srebrnopepeljaste. Kako je kojem prinela ruku, kako je kojeg dodirnula, tako su iz njega izlazile boje, guste, lepljive — ljubičaste, srebrnopepeljaste i kroz prozorče izletale.

BELEŠKA O PISCU

TIODOR ROSIĆ rođen je 13. juna 1950. godine u Ušću. Diplomirao je srpskohrvatski jezik i jugoslovensku književnost na Filološkom fakultetu u Beogradu.

Objavio je knjige pesama *Leptir* (1977) i *Leteća kola* (poema, 1980), zbornik *Savremena poezija jugoslovenskih naroda i narodnosti* (1984), a priprema književnoteorijsku studiju *O pesničkom tekstu* i knjigu ogleda o pesničkom iskazu u savremenoj srpskoj poeziji.

Živi u Beogradu i radi kao urednik u BIGZ-u.

SADRŽAJ

UMESTO PREDGOVORA

Izveštaj specijaliste   7

JARAC KOJI SE NE DA UZJAHATI

Maršala Tolbuhina br. 10   11
Flauta   15
Mačak   19
Šta se dogodilo studentu Miodragu Tomiću dok je
     čitao priču A. Komarova »Moj susret s
     Njim«   23
Žuti pas   30
Ikona sveti Konstantin   33
Prsten carice Jelene   38
Plivači   44
Kako se službenik Svetislav Tadić vratio iz
     ribolova   47
Ključ   55
Haljina gospođe Kilibarda   59
Kuća u kojoj se pravi sapun   69
Porođaj   76
Venčanje u Opštini Stari grad   80
Ponoćna vožnja   84
Kristina   91
Šetnja, žito, fotografija   98
Bube, leptiri, skakavci   102
Nesan   106

BELEŠKA O PISCU   111

Izdavačka radna organizacija
»RAD«
Beograd, Moše Pijade 12

*

Za izdavača
Milovan Vlahović

*

Recenzent
Jovica Aćin

*

Lektor
Jovanka Arsenović

*

Korektor
Jovanka Simić

*

Štampano
u 1.500 primeraka

*

Štampa
Grafička radna organizacija
»Prosveta«
Beograd, Đure Đakovića 21

КАТАЛОГИЗАЦИЈА У ПУБЛИКАЦИЈИ (CIP)

886.1/.2—32

РОСИЋ, Тиодор

    Jarac koji se ne da uzjahati : pripovetke
/ Tiodor Rosić. — Beograd : Rad, 1987. — 115
стр. : слика аутора ; 20 см. — (Znakovi po-
red puta ; 31)

ISBN 86-09-00065-6

I Rosić, Tiodor

Обрађено у Народној библиотеци Србије, Београд

U BIBLIOTECI

znakovi pored puta

izašlo

1. David Albahari: OPIS SMRTI
2. Novica Tadić: OGNJENA KOKOŠ
3. Milenko Pajović: ČEŠLJANJE JEZIKA
4. Ilija Lakušić: PRAPEČAT
5. Radoslav Petković: ZAPISI IZ GODINE JAGODA
6. Dušan Jovanović: VOJNA TAJNA
7. Živorad Đorđević: TUMAČENJE SNOVA
8. Dragan M. Knežević: PUPČANA VRPCA
9. Miladin Ćulafić: GRIMASE PO VAZDUHU
10. Nebojša Vasović: POEZIJA KAO IZVANUMIŠTE
11. Jovo Marić: KNJIGA SMRTI I RAZONODE
12. Milenko Pajović: KAŽI, KAŽI, ANITA
13. Novica Tadić: POGANI JEZIK
14. Mihajlo Pantić: HRONIKA SOBE
15. Alek Marjano: NOVO PRIVATNO GROBLJE
16. Miodrag Ćupić: SMRT NA JUGU
17. David Albahari: FRAS U ŠUPI
18. Radoslav Petković: SENKE NA ZIDU
19. Dragan Velikić: STAKLENA BAŠTA
20. Labud Dragić: KOJI NEMAJU PEČATA
21. Tatijana Drakulić: KOLIKO PREĐE PUTNIK AKO IDE PEŠKE
22. Đorđe Nešić: CRV SUMNJE U JABUCI RAZDORA
23. Jovica Aćin: ŠLJUNAK I MAHOVINA
24. Milorad Stojević: ORGIJA ZA MADONU
25. Jasmina Rakić: SATANA IMA VAŠA LICA
26. Ljiljana Đurđić: KAKO SAM LJUBILA FRANCA KASPARA
27. Slobodan Zubanović: REPORTER
28. Milan Đorđević: MUVA I DRUGE PESME
29. Srđan Dragojević: KNJIGA AKCIONE POEZIJE
30. Novica Tadić: RUGLO
31. Tiodor Rosić: JARAC KOJI SE NE DA UZJAHATI
32. Ilija Lakušić: KVARENJE OMLADINE
33. Mirjana Božin: VEROISPOVEST